WORKBOOK
5A

서강 한국어

읽기·말하기

김성희 이효정 이석란 이윤실 장수진 최선영

이 책을 이용하는 선생님과 학생들에게

서강 한국어 5A는 학생책과 워크북으로 구성되어 있다. 학생책은 수업용 교재로, 워크북은 복습용 교재로 개발되었다.

서강 한국어 5A 워크북은 5A 학생책에서 학습한 말하기I 내용과 어휘, 문법, 조사 등을 다양한 예문을 통해 스스로 연습할 수 있게 하였다. 이 책을 통해서 학습자들은 고급 수준의 문법과 단어를 실제 생활에서 자연스럽게 사용할 수 있게 될 것이다.

과 구성

확인해 봅시다!–말하기 I – 읽기 I·II 어휘 – 읽기 I·II 문법 – 조사 – 정리

확인해 봅시다!

학생책에서 배운 내용을 복습한 후 문제를 풀어 볼 수 있도록 어휘 · 문법 · 표현을 하나의 표로 정리하여 제시하였다.

말하기 I

말하기I에서 학습 목표로 삼은 단어와 표현을 다양한 예문과 대화 상황, 다양한 형식의 글을 통해서 익힐 수 있게 하였다. 또한 각 과의 주제와 관련된 내용의 짧은 쓰기로 학습 내용을 정리해 볼 수 있게 하였다.

읽기 I·II 어휘

각 과에서 꼭 알아야 할 어휘를 주제별, 품사별, 상황별로 제시하였다. 또한 적절한 어휘를 사용하여 문장이나 대화, 글을 완성하는 문제도 수록하였다.

읽기 I·II 문법

각 과의 주요 문법을 활용할 수 있는 문제를 수록하였다. '*' 표시로 강조한 문법은 두 단계의 연습 과정을 통해 다양한 방법으로 활용할 수 있도록 하였다. 즉, 기본적인 활용 연습뿐 아니라 학습자가 창의적으로 자신의 상황을 이야기할 수 있는 자유 쓰기 문제도 함께 수록하였다.

조사

고급 한국어 수준의 문장을 구성하는 데 꼭 필요한 조사 연습을 수록하였다. 또한 **TIP**에서 조사의 다양한 의미와 사용 방법을 설명하였다.

정리

어휘와 문법을 사용하여 하나의 대화나 글을 완성해 봄으로써 각 과에서 배운 단어와 표현, 문법을 종합적으로 연습할 수 있도록 하였다.

모의 한국어 능력 시험

1~4과 연습과 5~8과 연습을 마친 후, 학습자의 향상된 한국어 실력을 확인해 볼 수 있도록 모의 한국어 능력 시험 문제를 실었다. 모의 한국어 능력 시험은 30분 정도의 시간을 정한 후 정해진 장소에서 실시하는 것이 좋다.

※ 이용자를 위한 배려

① 부가 설명이 필요한 문제 옆에는 표시와 함께 해당하는 문법 · 단어 참고서의 페이지를 표시해 주었다.

② 새 단어는 각주에 뜻과 예문, 한자, 발음을 표시하였다.

③ 고유 명사를 다른 모양의 글씨로 표시하여 이용자의 부담을 줄였다.

목차

1 인물

확인해 봅시다! 6
말하기 I 감정 어휘 7
읽기 I · II 어휘 10
읽기 I · II 문법 -은/는커녕, -아/어/여 가다, -아/어/여 오다, 그리 -지 않다, 말고도, -(느)냐에 달려 있다 12
조사 '-만, -밖에' 비교 15
정리 16

2 서울의 명소

확인해 봅시다! 17
말하기 I 정보 전달하기 18
읽기 I · II 어휘 22
읽기 I · II 문법 -(으)로서, -(으)며, -고자 하다, -(으)ㄴ/는 반면(에), -을/를 비롯해서 24
조사 '-이/가 되다, -을/를 하다' 비교 26
정리 28

3 풍습

확인해 봅시다! 29
말하기 I 사동사 30
읽기 I · II 어휘 32
읽기 I · II 문법 -은/는 -뿐이다, -기라도 하면, -아/어/여라, 어찌나 -던지, -고 말다 34
조사 (사람)이/가 + (물건/사람)을/를 + 사동사 (사람)이/가 + (사람)에게 + (물건/사람)을/를 +사동사 37
정리 38

4 사자성어와 속담

확인해 봅시다! 40
말하기 I 옛말 인용하기 41
읽기 I · II 어휘 44
읽기 I · II 문법 -자, 줄인 표현: -다, -아/어/여, -느니 (차라리), -(으)ㄹ 겸 (해서), -(으)나 마나 46
조사 '-(으)로'의 다양한 용법 49
정리 50

5 문학

확인해 봅시다! ······ 60
말하기 I　비유 표현 ······ 61
읽기 I · II 어휘 ······ 63
읽기 I · II 문법　'ㅎ' 불규칙, (-기도 하고) -기도 하다, -게 하다 ······ 65
-에다(가), -아/어/여하다
조사　'-(이)나'의 다양한 용법 ······ 68
정리 ······ 70

6 한국인의 대화법

확인해 봅시다! ······ 71
말하기 I　한국인의 대화법 ······ 72
읽기 I · II 어휘 ······ 73
읽기 I · II 문법　-(으)ㄴ/는가, -는 김에, -냐,　······ 75
-(으)ㄴ/는데 말이다, -(으)ㄹ지라도, -(으)로
조사　조사의 결합 ······ 79
정리 ······ 80

7 성공적인 삶

확인해 봅시다! ······ 81
말하기 I　주장하기 ······ 82
읽기 I · II 어휘 ······ 85
읽기 I · II 문법　-(으)로부터, -든(지), -아/어/여다, ······ 87
-듯이, -(으)ㄹ 수밖에 없다
조사　대상을 나타내는 '-에' ······ 91
정리 ······ 92

8 한국 현대사

확인해 봅시다! ······ 93
말하기 I　역사적 사건 설명하기 ······ 94
읽기 I · II 어휘 ······ 95
읽기 I · II 문법　-아/어/여서야, -(으)ㄴ/는가 싶다, -조차, ······ 98
-(으)ㄴ 채(로), -(으)ㄴ/는데도 (불구하고)
조사　'-조차, -까지' 비교 ······ 101
정리 ······ 102

모범답안 ······ 113

1 인물

확인해 봅시다!

읽기 I

어휘

명사
- 격려
- 금메달리스트
- 레슬링
- 바이러스
  - 컴퓨터 바이러스
- 부상
- 불법
  - 불법 유턴
- 사형
  - 사형 선고
- 선고
- 슈퍼 헤비급
- 안무가
- 유턴
- 의학
- 장애인
- 재활
- 전부
- 전환점
- 충격
- 패션모델
- 패션쇼
- 한계
  - 한계에 부딪히다
- 휠체어

동사
- 누리다
  - 인기를 누리다
- 뛰어들다
- 막다
- 보장되다
- 부딪히다
- 피나다
  - 피나는 노력 끝에

형용사
- 다름없다
  - 사형 선고와 다름없다

부사
- 깨끗이
  - 깨끗이 포기하다
- 활발히

문법
- *-은/는커녕 ~

읽기 II

어휘

명사
- 각오
  - 각오하다
  - 죽을 각오로
- 계기
- 돋보기안경
- 목적
- 배
  - 두세 배
- 비결
- 연구소
- 열매
  - 열매를 맺다
- 이력
- 일반적
- 절반

동사
- 감염되다
- 도전하다
- 맺다
- 발전하다
- 씨름하다
  - 컴퓨터와 씨름하다
- 안주하다
- 오르다
  - 위치에 오르다
- 접하다
- 타고나다

형용사
- 끝없다
  - 끝없는 욕심
- 진지하다
- 특이하다

부사
- 끊임없이
- 반드시
- 푹
  - 푹 빠지다
- 헛되이

기타
- 두세
- 마흔

문법
- -아/어/여 가다
- -아/어/여 오다
- *그리 -지 않다
- *말고도 ~
- -(느)냐에 달려 있다

말하기 I : 감정 어휘

긍정적
- (가슴이) 뭉클하다
- (마음이) 들뜨다
- 뿌듯하다
- 시원섭섭하다
- 자랑스럽다
- 후련하다

부정적
- 괴롭다
- 난처하다
- 불안하다
- 서먹하다
- 절망하다
- 지겹다

말하기 I

긍정적 어휘

가 다음 감정을 어느 상황에서 느낄까요? 적당한 상황을 고르십시오.

1. 뿌듯하다
✓① 힘든 문제를 스스로 해결했을 때
② 힘든 문제가 저절로[1] 해결되었을 때

2. 후련하다
① 친구에게 비밀을 털어놓고[2] 싶은 것을 꾹 참았을 때
② 아무에게도 말하지 못했던 비밀을 친구에게 다 털어놓았을 때

3. (마음이) 들뜨다
① 여행을 잘할 수 있을지 걱정되어서
② 내일 여행을 떠난다는 생각에 기뻐서

4. 시원섭섭하다
① 아주 힘들고 어려운 일을 끝냈을 때
② 즐겁기도 하고 힘들기도 했던 학교를 졸업했을 때

5. 자랑스럽다
① 친한 친구가 아쉽게 경기에서 졌을 때
② 친한 친구가 올림픽에서 금메달을 받았을 때

6. (가슴이) 뭉클하다
① 의견이 달라서 어머니와 싸울 때
② 나를 위해 고생하시는 어머니의 모습을 볼 때

나 알맞은 단어를 골라 형태를 바꾸어 쓰십시오.

뿌듯하다	후련하다	(마음이) 들뜨다
시원섭섭하다	자랑스럽다	✓(가슴이) 뭉클하다

1. A: 어제 텔레비전에서 이희아 씨에 관한 다큐멘터리를 하던데, 혹시 봤어?
   B: 응, 정말 감동적이더라. 특히 이희아 씨의 어머니가 장애를 가진 딸의 장래를 위해 노력하는 모습을 보고 가슴이 뭉클했어.

2. A: 기분이 아주 좋아 보이는데, 좋은 일 있었어?
   B: 미뤄 놓았던 숙제를 오늘 다 끝냈거든. 정말 ....

3. A: 오래간만에 학교 축제에 오니까 기분이 좋다.
   B: 맞아. 흥겨운[3] 축제 분위기 때문에 ....

4. A: 축하합니다. 이제 따님도 결혼하셨으니 걱정이 없으시겠어요.
   B: 네, 고맙습니다. 그런데 딸이 결혼하면 좋기만 할 것 같았는데 막상[4] 시집을 보내고 나니 ....

5. A: 민희 어머님, 축하해요. 어제 민희가 미술 대회에서 큰 상을 받았다면서요?
   B: 네, 고맙습니다.
   A: 민희는 예쁘고 착하고, 게다가 그림도 잘 그리고. 민희 어머님은 민희가 너무 ....

6. A: 이번 방학 때 뭐했어요?
   B: 홍수[5]로 집을 잃은 사람들을 위해 집 짓는 일을 도왔어요. 조금 힘들긴 했지만 어려운 사람을 도울 수 있어서 정말 ....

---

1) 저절로 — 부 사람이 일부러 힘을 들이지 않고 자연적으로. 예 약을 먹지 않았는데 감기가 저절로 나았다.
2) 털어놓다 — 동 자신의 생각을 숨기지 않고 말하다. 예 고민이 있으면 나한테 다 털어놔.
3) 흥겹다 — 형 재미있거나 즐거운 일 때문에 기쁘고 즐겁다. 예 노래 소리가 너무 흥겨워서 나도 모르게 춤을 추었다.
4) 막상 [막쌍] — 부 (전에 생각하거나 추측했던 것과는 다르게) 어떤 일이 실제로 일어나니. 예 우리는 서로 많이 싸웠지만 막상 헤어지려고 하니 눈물이 났다.
5) 홍수(洪水) — 명 비가 엄청나게 많이 와서 수위(물의 높이)가 높아지는 현상. 예 홍수가 나서 많은 집들이 물에 잠겼다.

부정적 어휘

가 다음 감정을 어느 상황에서 느낄까요? 적당한 상황을 고르십시오.

1. 괴롭다
① 좋아하는 일을 할 때
✓② 싫어하는 일을 할 때

2. 불안하다
① 비싼 꽃병을 깨뜨려서 엄마에게 크게 혼날 때
② 비싼 꽃병을 깨뜨린 후 엄마가 알게 될까 봐 걱정할 때

3. 절망하다
① 돈이 없어서 꿈을 완전히 포기해야 할 때
② 돈이 없지만 조금씩 노력해서 꿈을 이루어 갈 때

4. 난처하다
① 친한 친구의 부탁을 거절해야 할 때
② 친한 친구의 부탁을 들어주었을 때

5. 서먹하다
① 아주 오래간만에 친구를 만나 너무 반가울 때
② 아주 오래간만에 친구를 만났는데 서로 할 말이 없을 때

6. 지겹다
① 흥미진진한 영화를 처음 볼 때
② 매일 같은 이야기를 반복하는[6] 친구의 말을 들을 때

나 알맞은 단어를 골라 형태를 바꾸어 쓰십시오.

✓괴롭다	불안하다	절망하다
난처하다	서먹하다	지겹다

1. A: 무슨 일 있어요? 얼굴이 안 좋아 보이는데.
   B: 요즘 회사 동료와 사이가 안 좋아서 회사에 나가는 게 너무 괴로워요.

2. A: 너 이번에 대학 입학시험을 봤다면서? 결과는 나왔니?
   B: 아직. 그런데 시험을 잘 못 봤거든. 떨어질까 봐 너무 ______________.

3. A: 너, 어떻게 그럴 수가 있어? 나하고 다른 사람이 싸우면 내 편[7]을 들어 줘야 하는 거 아냐?
   B: 미안해. 그런데 네가 아까 싸운 사람이 내가 좀 아는 사람이라서 내 입장이 정말 ______________.

4. A: 나 어제 10년 만에 우연히 내가 예전에 좋아하던 사람을 만났어.
   B: 정말? 좋았겠다. 만나서 무슨 이야기했어?
   A: 좋기는……. 너무 오랜만에 만나서 서로 할 이야기도 없고 10분 동안 서로 얼굴만 쳐다보다가 헤어졌어. 정말 ______________.

5. A: 어제, 텔레비전에서 '인생 극장' 봤어요?
   B: 입으로 그림을 그리는 화가 이야기요?
   A: 네. 정말 대단하지요? 사고로 두 팔을 모두 잃었는데도 ______________ 않고 입으로 그림을 계속 그리다니……. 전 정말 감동했어요.

6. A: 너 그 영화 전에도 보더니 또 보니? 벌써 몇 번 째야?
   B: 응. 한 10번 정도 봤나?
   A: 뭐 10번? 너 ______________ 않아?
   B: 아니, 이 영화는 아무리 많이 봐도 하나도 안 ______________.

---

6) 반복하다(反復--) [반보카다] 동 같은 일을 여러 번 똑같이 하다. 예 같은 실수를 반복하지 않도록 주의하십시오.
7) 편(便) 명 어떤 기준에 따라 사람들을 나누었을 때 그 하나하나의 쪽. 예 나는 항상 약한 사람의 편을 들어 주고 싶다.

종합 연습

가 질문에 대한 대답을 쓰십시오.

1. 여러분은 언제 후련하다고 느낍니까?

   대답: • 친구에게 비밀을 털어놓았을 때

   •

2. 여러분은 언제 지겹다고 느낍니까?

   대답: • 매일 같은 일을 해야 할 때

   •

3. 여러분은 언제 시원섭섭하다고 느꼈습니까?

   대답: • 매일 싸우던 친구가 다른 학교로 전학 갔을 때

   •

4. 여러분은 언제 마음이 들뜹니까?

   대답: • 여행을 떠나기 하루 전날 여행갈 준비를 할 때

   •

나 다음 그림의 상황을 설명하십시오. 그리고 여러분도 그와 비슷한 감정을 느꼈던 경험을 쓰십시오.

1.

그림 속의 사람은 평소에 너무 하기 싫어서 미뤄 두었던 청소와 빨래를 다 끝내서 아주 후련한 것 같다.

나도 지난주에 계속 미뤄 놓았던 숙제를 다 했는데, 숙제를 하기 전에는 너무 하기 싫었지만 다 끝내고 나니 정말 후련했다.

2.

3.

....

....

....

....

읽기 I·II 어휘

가 알맞은 것을 고르십시오.

✔한계　　격려　　비결　　이력

1. 나는 그 아이의 행동을 인내심을 가지고 지켜보았다. 하지만 그 아이가 내 소중한 꽃병을 깨뜨리는 순간 인내심의 한계 을/(를) 넘어섰다.

2. 그 식당은 맛있는 떡볶이로 유명한데 그 떡볶이 양념의 .... 은/는 주인 할머니만 알고 계신다고 한다.

3. 오랜 외국 생활에 지친[8] 나에게 그 사람의 .... 은/는 큰 힘이 되었다.

4. 이번에 뽑은 사원들은 화려한 .... 을/를 가지고 있다.

나 공통적으로 들어가는 단어를 골라 형태를 바꾸어 쓰십시오.

✔다름없다　　특이하다　　활발하다

1. 1) 그 사람은 10년 전과 다름없는 모습으로 나타났다.
   2) 그 사람과 나는 형제와 다름없다 .

2. 1) 아이들은 운동장에서 .... 뛰어놀고 있었다.
   2) 나는 성격이 .... 편이어서 친구가 많다.

3. 1) 이 지갑은 다른 곳에서는 볼 수 없는 .... 모양이다.
   2) 화장을 한 그 남자의 모습은 나에게는 .... 보였다.

8) 지치다　동 힘든 일을 하거나 어떤 일 때문에 힘을 다 써서 힘이 없어지다. 예 며칠 동안 계속되는 더운 날씨에 지쳐서 아무 것도 할 수가 없다.

다 알맞은 것을 골라 질문과 대답을 완성하십시오.

접하다 ✓보장되다 안주하다 타고나다

1. A: 여러분은 지겹기는 하지만 미래가 보장된 일과 성공할지 실패할지 알 수 없지만 새롭고 재미있는 일 중에서 어떤 것을 선택하겠습니까?
   B: 저는 현재의 생활에 만족하며 .... 것보다 새로운 일에 도전하는 것을 더 좋아합니다.

2. A: 여러분은 사람의 성격이 태어날 때부터 정해진 것이라고 생각합니까?
   B: 저는 사람의 성격은 .... 것이 아니라 만들어진다고 생각합니다. 다시 말해서 성격은 어떤 환경에서 자라느냐, 또 어떤 사람들과 .... 에 달려 있다고 생각합니다.

라 알맞은 것을 골라 문장을 완성하십시오.

푹 빠지다 ✓깨끗이 포기하다
열매를 맺다 피나는 노력을 하다

1. 그 사람에게 애인이 있다는 말을 듣고 나는 그 사람을 깨끗이 포기했다.

2. 교통사고로 온몸을 사용하지 못하게 된 그 화가는 입으로 그림을 그리기 위해 하루에 4시간 이상은 자지 않았고 밥 먹는 시간도 아끼며 정말 ....

3. 그는 3년 동안 열심히 공부해서 합격이라는 .... 되었다.

4. 처음으로 낚시를 해 보고 나서 나는 낚시의 매력에 .... 그래서 방학 내내 낚시 외에는 아무 일도 하지 않고 지냈다.

마 알맞은 것을 라에서 골라 글을 완성하십시오.

이민수 씨가 처음으로 본 영화는 어렸을 때 어머니의 손을 잡고 보러 간 '로봇 태권 V'라는 만화 영화였다. 그 후 그는 영화의 매력에 1. 푹 빠져서 시간이 날 때마다 영화를 보러 갔다. 돈이 없거나 어른들만 볼 수 있는 영화는 몰래 숨어서 보기도 했다.

민수 씨가 어른이 되었을 때 그는 감독이 되기로 결심했다. 주위의 반대도 심했고 여러 가지 현실적인 어려움들도 있었다. 열심히 노력했지만 한계에 부딪혔을 때는 2. .... 생각했던 적도 있었다. 하지만 자신의 꿈을 포기할 수 없었던 그는 잠시도 쉬지 않고 끊임없이 노력했다.
3. .... 끝에 그는 현재 한국에서 가장 유명한 감독이 되었다. 그의 노력이 4. .... 것이다.

읽기 I·II 문법

가 밑줄 친 부분과 비슷한 의미를 고르십시오.

1. 밥은커녕 물도 마실 수 없다.
   ✓① 밥을 먹을 수 없는 것은 물론이고
   ② 밥을 먹을 수 있는 것은 물론이고

2. 나는 이 회사에서 10년 동안 일해 왔다.
   ① 일할 것이다
   ② 예전부터 지금까지 일하고 있다

3. 이 식당의 음식은 그리 맛있지 않다.
   ① 매우 맛있다
   ② 별로 맛있지 않다

4. 나는 이 책 말고도 많은 책을 읽었다.
   ① 이 책 외에도
   ② 이 책은 안 읽었지만

5. 이번 시험의 결과는 네가 얼마나 노력하느냐에 달려 있다.
   ① 노력하는 정도에 따라 달라진다
   ② 열심히 노력해도 달라지지 않는다

* -은/는커녕 ~

가 '명 + -은/는커녕'을 사용해서 한 문장으로 만드십시오.

1. 결혼 (X) / 심지어 연애도 한 번 못했다.
   → 결혼은커녕 연애도 한 번 못했다.

2. 비 (X) / 심지어 구름도 끼지 않았다.
   → ....

3. 이곳에는 나무 (X) / 심지어 풀도 없다.
   → ....

나 '동 형 + -기는커녕'을 사용해서 한 문장으로 만드십시오.

1. 매일 운동하는데 살이 빠지지 않는다. / 심지어 살이 더 쪘다.
   → 매일 운동하는데 살이 빠지기는커녕 살이 더 쪘다.

2. 팔을 다쳐서 물건을 들지 못한다. / 심지어 팔을 올리지도 못한다.
   → ....

3. 생일날 부모님께 선물을 받지 못했다. / 심지어 축하한다는 말조차 못 들었다.
   → ....

다 '명 + -은/는커녕'을 사용해서 대화를 완성하십시오.

1. A: 지민 씨가 만나면 인사는 잘하나요?
   B: 인사는커녕 아는 체도 하지 않아요.

2. A: 앤디 씨가 집안일을 많이 도와줘요?
   B: 아니요, 집안일은커녕 ....

3. A: 일을 이번 주 안에 마칠 수 있겠지요?
   B: ....

라 '동 형 + -기는커녕'을 사용해서 대화를 완성하십시오. 문법 · 단어 참고서 p.16의 tip 참고

1. A: 민수가 자기 잘못을 좀 반성하는 것 같아요?
   B: 반성하기는커녕 자기가 뭘 잘못했는지도 모르는 것 같아요.

2. A: 감기약을 먹고 많이 좋아졌어요?
   B: 아니요, 감기약을 먹고 좋아지기는커녕 ....

   ....

3. A: 요즘 음식 쓰레기의 양이 조금씩 줄어들고 있나요?
   B: ....

   ....

-아/어/여 오다, -아/어/여 가다

가 알맞은 것을 골라 형태를 바꾸어 쓰십시오.

참다	일하다	✓연구하다	살다

1. 오늘 발표는 박선희 교수님께서 평생 연구해 오신 결과라고 할 수 있습니다.

2. 많은 어려운 문제들 때문에 절망도 했었지만 그 어려움들을 극복한 뒤, 나는 앞으로 누구보다도 열심히 .... 결심했다.

3. A: 왜 그렇게 화가 났어요?
   B: 제 룸메이트 때문에요. 청소는 한 번도 안 하면서 매일 집을 어질러요. 지금까지는 .... 더 이상은 못 참겠어요.

4. A: 민수 씨, 요즘 어떻게 지내요?
   B: 그냥 그래요. 식욕도 없고 피곤하기만 해요.
   A: 왜요? 무슨 일 있었어요?
   B: 실은 10년 동안 .... 회사를 지난 주에 그만뒀거든요.

* 그리 -지 않다

가 알맞은 단어를 골라 문장을 완성하십시오.

1. 이번 시험은 그리 어렵지 않아서 대부분의 학생이 90점 이상을 받았다. (어렵다 / 쉽다)

2. 우리 집에서 학교까지는 .... 걸어서 10분 정도 거리에 있다. (가깝다 / 멀다)

3. 이 가방은 안에 옷이 들어 있어서 ....

   .... (무겁다 / 가볍다)

4. A: 영미 씨, 오늘 오후에 시간 어때요? 시간 되면 같이 영화 보러 갈래요?
   B: 그래요, 오늘은 .... 퇴근 후에 만나요. (바쁘다 / 한가하다)

나 '그리 -지 않다'를 사용해서 대화를 완성하십시오.

1. A: 그 식당에 손님이 많던데 음식이 맛있어요?
   B: 아니요, 손님은 많지만 음식은 그리 맛있지 않아요.

2. A: 어제 수민 씨하고 영화 보러 갔다면서요? 재미있었어요?
   B: ....
   A: 그래요? 저도 보러 가려고 했는데 별로라니까 보러 가지 말아야겠어요.

3. A: 이번 한국어 능력 시험은 어땠어요? 많이 어려웠어요?
   B: ____________.
   A: 그래요? 그럼 쉽게 합격하시겠네요.

4. A: 다음 주쯤에 동창회를 하려고 하는데 요즘 많이 바쁘니?
   B: 아니야. ____________.
   갈 수 있어.
   A: 알았어. 그러면 다음 주에 만나자.

5. A: 한국에 온 지 얼마나 됐어요?
   B: 한 달 정도요.
   A: 많이 힘들죠?
   B: 아니에요. ____________.

* 말고도 ~

가 비슷한 의미의 문장을 만드십시오.

1. A: 미영 씨는 영어를 잘하는 것 같아요.
   B: 미영 씨는 영어도 잘하지만 그 외에도 잘하는 외국어가 많아요.
   → 영어 말고도 잘하는 외국어가 많아요.

2. A: 엘렌 씨는 불고기를 좋아하시나 봐요.
   B: 네, 불고기도 좋아하지만 그 외에도 좋아하는 한국 음식이 많아요.
   → ____________.

3. A: 이 식당은 신촌에만 있나요?
   B: 아니요, 신촌에도 있지만 그 외에도 대학로, 종로 등 여러 곳에 있어요.
   → ____________.

4. A: 보니 씨, 이번 주말에 어디 갔다 오셨어요?
   B: 경주에 갔다 왔어요.
   A: 보니 씨는 한국에서 경주 외에 또 가 본 곳이 있어요?
   B: 네, 경주 외에도 제주도, 부산 등 여러 곳에 가 봤어요.
   → ____________.

나 알맞은 것을 고르십시오.

문법 · 단어 참고서 p.17 참고

1. 이 숙제 (말고도/말고는) 오늘 할 일이 많다.
2. 나는 이 책 (말고도/말고는) 많은 책을 읽었다.
3. 그 영화배우는 이 영화 (말고도/말고는) 어떤 영화에도 출연하지 않았다.
4. 이 학교에는 나 (말고도/말고는) 일할 사람이 아무도 없다.

다 문장을 완성하십시오.

1. A: 이 학교에는 남자 선생님들이 많이 계십니까?
   B: 네. 저 말고도 몇 분 더 계세요.

2. A: 짐은 이것밖에 없어?
   B: 아니요, 이것 말고도 ____________.

3. A: 혹시 이 소설가가 쓴 다른 책도 가지고 있어요?
   B: 아니요, 이 책 말고는 ____________.

4. A: 바빠 보이네요. 숙제가 많아요?
   B: 아니요, 이것 말고도 ____________.

-(느)냐에 달려 있다

가 알맞은 것을 골라 형태를 바꾸어 쓰십시오.

결정하다	학교에 잘 나오다
✓많은 관객이 오다	많이 사랑하고 사랑받다

1. 이 영화가 성공하느냐 실패하느냐는 얼마나 많은 관객이 오느냐에 달려 있다.

2. 인생의 행복은 얼마나 ....

3. A: 이번에 월급이 오른다고 하던데 정말일까?
   B: 글쎄……. 그건 사장님이 어떻게 ....

4. A: 이번 학기에는 결석을 너무 많이 했는데 6급에 올라갈 수 있을까요?
   B: 그건 앞으로 영미 씨가 얼마나 ....

조사

가 알맞은 조사를 골라 문장을 연결하십시오.

✓-은/는	-이/가	-의	-을/를

1. 안철수 씨 [는] 한국인[ ] 가장 존경하는 사업가 중[ ] 한 명이다.

2. 사업가는 돈[ ] 버는 것[ ] 목적일 것이다.

나 알맞은 조사를 고르십시오.

1. 1) 그 사람은 몸에 좋은 음식(만/밖에) 먹어요.
   2) 그 사람은 몸에 좋은 음식(만/밖에) 안 먹어요.

2. 1) 오늘 할 게 이것(만/밖에) 없어요?
   2) 오늘은 이것(만/밖에) 하면 돼요?

3. 1) 그 사람은 자기(만/밖에) 몰라요.
   2) 그 사람은 자기(만/밖에) 알아요.

4. 1) A: 술을 얼마나 마셨어요?
   B: 한 잔(만/밖에) 마셨어요.
   2) A: 술을 얼마나 마셨어요?
   B: 한 잔(만/밖에) 안 마셨어요.

TIP

'-만 / -밖에' 비교

명 + -만	명 + -밖에
다른 것을 제한하여 '그것 하나'라는 뜻을 나타낸다. 예 내 동생은 김치만 먹는다.	'그것 이외에는'이라는 뜻으로, 뒤에 항상 부정적인 의미가 온다. 예 내 동생은 김치밖에 안 먹는다.

정리

가 알맞은 것을 골라 대화를 완성하십시오.

그리 -지 않다	-(느)냐에 달려 있다	계기	얼마나	✓전환점	타고나다	각오하다

안철수 씨는 살면서 여러 번의 큰 **1.** 전환점 을 겪었다.

첫 번째 전환점은 의사였던 그가 벤처 사업가가 되기로 결정한 것이다. 그는 한때 의사라는 안정된 직업을 가지고 있었다. 그런데 의과 대학을 다닐 때 바이러스에 감염된 자신의 컴퓨터를 직접 고친 일이 **2.** ________ 이/가 되어 컴퓨터 벤처 회사를 세우게 되었다. 안정된 의사의 길을 포기하는 것은 **3.** (쉽다) ________.

그러나 의대에는 많은 사람들이 있지만 컴퓨터를 치료하는 사람은 자신밖에 없다는 생각에 의대 교수를 그만두고 벤처 사업가가 되었다.

두 번째의 전환점은 그 회사가 최고의 위치에 오른 2005년에 있었다. 안철수 씨는 10년간 지켜 오던 회사를 그만두고 새로운 분야에 관한 공부를 하기 위해 미국으로 유학을 떠났다.

안철수 씨는 인생의 전환점에서 사람들이 쉽게 선택하지 않는 길을 선택한다. 그리고 그 선택을 성공적인 것으로 만든다. 그가 항상 성공하는 이유는 그의 노력하는 자세 때문일 것이다.

그는 어떤 일을 하기 전에 남보다 두세 배 더 시간을 들일 것을 **4.** ________ 고 한다. 어떤 분야에서 성공하느냐 실패하느냐 하는 것은 그 사람의 **5.** ________ 능력이 아니라 그 일에 **6.** ________ 열정을 가지고 **7.** (노력하다) ________ 고 생각하기 때문이다.

2 서울의 명소

확인해 봅시다!

읽기 Ⅰ

어휘

명사
- 개천
- 공연장
- 궁궐
- 맛집
- 미술가
- 미술관
- 벽
- 쓰레기장
- 야경
- 유물
- 이색적
- 정상
  - 산 정상
- 정원
- 케이블카
- 콘크리트
- 한눈
  - 한눈에 보다
- 한약
- 한옥
- 한자리
- 해산물
- 환상적

동사
- 꾸미다
- 덮이다
- 복원되다
- 불리다
- 소문나다
- 심다
  - 나무를 심다
- 조화되다
- 즐기다
  - 즐겨 찾다
- 피다
  - 꽃이 피다

형용사
- 싱싱하다
  - 싱싱한 생선
- 활기차다

기타
- -권
  - 언어권

문법
- -(으)로서 ~
- -(으)며 ~

읽기 Ⅱ

어휘

명사
- 갤러리
- 고급
- 궁중
- 대나무
- 매듭
- 미술품
- 민화
- 번지
  - 가회동 31번지
- 부적
- 생활사
- 선
  - 처마 선
- 양반
- 오르막길
- 왕족
- 작업실
- 장인
- 점
  - 미술품 500점
- 주거지
- 직전
- 책방
- 처마
- 체험
  - 체험하다
- 특색

동사
- 늘어서다
- 올리다
  - 식탁에 올려지다
- 이루다
  - 조화를 이루다
- 이어지다
- 펼쳐지다
  - 그림처럼 펼쳐지다

형용사
- 곱다

부사
- 이미

기타
- -여
  - 500여 점

표현
- 한눈에 들어오다

문법
- * -고자 하다
- * -(으)ㄴ/는 반면(에) ~
- * -을/를 비롯해서 ~

말하기 Ⅰ : 정보 전달하기

예를 들어 제시하기
- -(으)로 -을/를 들 수 있다

내용을 순서대로 설명하기
- 먼저 ~ 다음으로 ~
- 그리고 마지막으로 ~
- 첫 번째 ~ 두 번째 ~ 세 번째 ~

특징 설명하기
- -(으)로 유명하다

자료 보면서 설명하기
- 보시다시피 ~

앞의 내용에 다른 내용 덧붙이기
- 게다가 ~
- -뿐(만) 아니라 ~

비교하기
- 〈 공통점 말하기 〉
  - -와/과 마찬가지로 ~
- 〈 차이점 말하기 〉
  - -와/과 달리 ~
- 〈 정도 비교하기 〉
  - -에 비해(서) ~

말하기 I

-(으)로 -을/를 들 수 있다 예를 들어 제시하기

가 다음 표를 이용해서 문장을 만드십시오.

1.

서울에서 산책하기 좋은 곳 — 월드컵 공원 / 남산 산책로 / 청계천

→ 서울에서 산책하기 좋은 곳으로 월드컵 공원과 남산 산책로, 청계천을 들 수 있습니다.

2.

한국의 대표적인 전통 음식 — 김치 / 비빔밥 / 불고기

→ ....

....

....

3.

→ ....

....

....

명 + -(으)로 유명하다/동형 + -기로 유명하다 특징 설명하기

가 다음 표현을 사용해서 문장을 만드십시오.

1.

동대문 시장은 옷값이 아주 싸요.

→ 동대문 시장은 옷값이 아주 싸기로 유명합니다.

2.

그 학교는 심리학이 유명해요.

→ ....

3.

→ ....

게다가 ~ 앞의 내용에 다른 내용 덧붙이기

가 다음 표를 이용해서 문장을 만드십시오.

1.

인사동

대표적인 전통 문화의 거리로서 전통적인 볼거리가 많다
일요일에는 다양한 문화 축제가 열리다

→ 인사동은 대표적인 전통 문화의 거리로서 전통적인 볼거리가 아주 많습니다. 게다가 일요일에는 다양한 문화 축제도 열립니다.

2.

민수 씨

열심히 일하는 성실한 사람이다

성격도 좋고 유머 감각도 뛰어나다[1]

→ ....

....

3.

→ ....

....

-뿐(만) 아니라 ~ 앞의 내용에 다른 내용 덧붙이기

가 다음 표를 이용해서 문장을 만드십시오.

1. 웃음은 자신을 건강하게 하다 + 다른 사람도 즐겁게 만들다

→ 웃음은 자신을 건강하게 할뿐만 아니라 다른 사람도 즐겁게 만듭니다.

2. 미나 씨는 아주 예쁘다 + 성격도 좋다

→ ....

....

3. 스미스 씨는 학생이다 + 저녁에 영어를 가르치는 선생님이다

→ ....

....

4. +

→ ....

....

-와/과 마찬가지로 ~ 비교하기: 공통점 말하기

가 다음 표를 이용해서 문장을 만드십시오.

1. 남대문 시장 : 명동

다양한 물건을 살 수 있다 = 다양한 물건을 살 수 있다

→ 남대문 시장과 마찬가지로 명동에서도 다양한 물건을 살 수 있습니다.

2. 한국 : 일본

어른에게 존댓말을 사용하다 = 어른에게 존댓말을 사용하다

→ ....

....

3. :

=

→ ....

....

1) 뛰어나다 형 남보다 훨씬 훌륭하거나 잘하다. 예 그의 한국어 실력은 다른 학생들보다 뛰어나다.

-와/과 달리 ~ 비교하기: 차이점 말하기

가 다음 표를 이용해서 문장을 만드십시오.

1. 남대문 시장 : 노량진 수산시장

밤새도록 옷을 팔다	↔	밤에 가게를 열지 않다

→ 밤새도록 옷을 파는 동대문 시장과 달리 노량진 수산 시장은 밤에 가게를 열지 않습니다.

2. 수미 씨 : 동철 씨

클래식을 좋아하다	↔	가요를 좋아하다

→ ....

....

3. ( ) : ( )

	↔	

→ ....

....

-에 비해(서) ~ 정도 비교하기

가 다음 표를 이용해서 문장을 만드십시오.

1. (땅이 넓다)

월드컵 공원 > 올림픽 공원

→ 월드컵 공원은 올림픽 공원에 비해 땅이 넓습니다.

2. (키가 크다)

인수 씨 > 미경 씨

→ ....

3.

→ ....

종합 연습

가 다음은 장소를 소개하는 발표 자료입니다. 이 자료를 이용해서 발표문을 쓰십시오.

1. 변화된 서울의 명소

월드컵 공원

쓰레기장

- 원래 쓰레기장으로 사용되던 곳.
- 2002년 월드컵 이후 5개의 공원으로 바뀌었다.

월드컵 공원

- 평화 공원: 월드컵 공원을 대표하는 곳.
  하늘 공원: 높은 곳에 있고 산책하기 좋다. 갈대밭[2]이 유명하다.
  노을 공원: 서울 전체를 한눈에 볼 수 있다. 일몰[3]이 아름답기로 유명하다.

[예를 들어 제시하기]
-(으)로 -을/를 들 수 있다

[자료 보면서 설명하기]
보시다시피~

[순서대로 설명하기]
먼저~ 다음으로~
그리고 마지막으로~

[다른 내용 덧붙이기]
게다가~
-뿐(만) 아니라~

변화된 서울의 명소로 월드컵 공원을 들 수 있습니다.

2

2. 뉴욕과 서울

뉴욕

서울

뉴욕

- 미국에서 가장 큰 도시 중의 하나.
- 세계의 경제인들이 모여드는 경제, 패션, 문화의 중심지.
- 도서관, 박물관, 갤러리 등과 같은 볼거리도 많다.

뉴욕과 서울

- 크기: 뉴욕>서울
- 인구: 뉴욕<서울
- 공통점: 차가 많이 밀리고 교통이 복잡하다.
- 차이점: 뉴욕 – 지하철이 24시간 운행된다.
  서울 – 지하철이 12시까지 다닌다.

[다른 내용 덧붙이기]
게다가~
–뿐(만) 아니라~

[특징 설명하기]
–(으)로 유명하다

[비교하기]
–와/과 마찬가지로~
–와/과 달리~
–에 비해(서) ~

뉴욕은 미국에서 가장 큰 도시 중의 하나입니다.

2) 갈대밭 [갈때받] 명 갈대라는 풀이 많이 모여 있는 곳. 예 친구와 갈대밭 사이를 걸으면서 많은 이야기를 나누었다.
3) 일몰(日沒) 명 해가 지는 것. 예 창가에 앉아 일몰을 바라보았다.

읽기 I·II 어휘

가 단어에 알맞은 그림을 고르십시오.

1. 처마(㉠) 2. 대나무(   ) 3. 부적(   )
4. 민화(   ) 5. 매듭(   ) 6. 해산물(   )

㉠

㉡
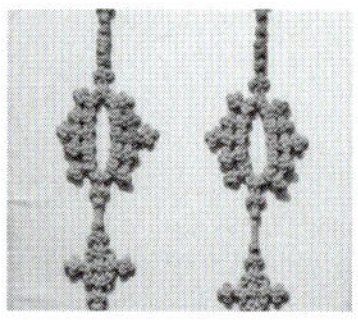

㉢

㉣

㉤

㉥

나 알맞은 단어를 골라 쓰십시오.

정상 야경 작업실 고급 오르막길

1. 관악산 <u>정상</u>까지 올라가는 데 시간이 얼마나 걸립니까?

2. .... 레스토랑에 갈 때는 정장 차림을 하는 경우가 많아요.

3. 집이 높은 곳에 있어서 날마다 ....을/를 올라가야 해요.

4. 밤이 되면 창밖으로 펼쳐지는 도시의 ....이/가 정말 아름답습니다.

5. 지저분한 공간을 정리해서 우리들이 일할 수 있는 ....(으)로 만들었어요.

다 다음 밑줄 친 부분과 비슷한 의미를 고르십시오.

1. 여행 중에 좋은 사람들을 만나고 여러 가지 일들을 <u>직접 경험하면서</u>, 세상에는 돈을 주고도 살 수 없는 소중한 것들이 많다는 것을 알게 되었다.

   ① 각오하면서 ② 체험하면서 ③ 안주하면서

2. 그 골목에는 많은 옷 가게들이 길게 <u>줄지어 서 있다</u>.

   ① 늘어서 있다 ② 빠져 있다 ③ 덮여 있다

3. 경복궁이 다시 <u>원래 상태로 만들어지려면</u> 많은 시간이 걸릴 것이다.

   ① 보장되려면 ② 복원되려면 ③ 올리려면

4. 집을 <u>예쁘게 만들고 싶어요</u>. 그래서 오늘 집에 걸어 놓을 멋있는 그림을 살 거예요.

   ① 꾸미고 싶어요 ② 즐기고 싶어요 ③ 접하고 싶어요

5. 이 더위는 화요일까지 <u>계속되다가</u> 수요일에 비가 내리면서부터 점차 시원해질 것으로 보입니다.

   ① 펼쳐지다가 ② 이어지다가 ③ 누리다가

라 관계있는 내용을 찾아 줄을 그으십시오.

1. 나무를 •	㉠ 싱싱하다
2. 꽃이 활짝 •	㉡ 피다
3. 생선이 •	㉢ 심다
4. 풍경이 그림처럼 •	㉣ 활기차다
5. 분위기가 •	㉤ 이루다
6. 조화를 •	㉥ 펼쳐지다

마 알맞은 것을 골라 형태를 바꾸어 쓰십시오.

소문나다	덮이다	곱다	해산물
✓환상적	이색적	이미	

1. 환상적
명 현실에서 자주 보기 어려운 것. 아주 멋있는 것.
예 이 작품은 여러 가지 색이 조화를 이루어 환상적인 분위기를 나타내고 있다.

2. ______
명 바다에서 나는 동물과 식물 전체.
예 싱싱한 ______을 넣어야 찌개가 맛있어요.

3. ______
동 여러 곳에 알려지다.
예 그 한의원은 치료를 잘하기로 ______ 곳이다.

4. ______
부 벌써. 끝났거나 지난 일을 말할 때 쓰는 말.
예 그 일은 ______ 다 끝냈고 지금은 다른 일을 하고 있어요.

5. ______
동 위에 어떤 것이 놓여 있어서 아래에 있는 것이 가려지다.
예 여기는 눈이 다 녹았지만 산의 정상은 아직도 눈으로 ______ 있어요.

6. ______
명 보통의 것과 많이 다름.
예 외국 여행을 가면 ______ 풍경을 구경할 수 있다.

7. ______
명 아름답고 부드러워서 보기에 좋다.
예 꽃이 ______ 피어 있는 길을 걸으며 친구와 이야기를 나누었다.

바 공통으로 들어가는 단어를 고르십시오.

-여	점	✓-권	번지

1. 권 : 언어☐ / 영어☐ / 중국어☐ / 스페인어☐ / 수도☐

2. ______ : 미술품 500☐ / 그림 5☐ / 유물 30☐

3. ______ : 100☐ 명 / 300☐ 점/ 20☐ 년 / 400☐개

4. ______ : 가회동 31☐ / 연희동 69☐ / 서교동 27☐

사 다음을 사용해서 생각나는 장소에 대하여 쓰십시오.

특색	즐겨 찾다	조화를 이루다
이색적	소문나다	✓한눈에 보다
환상적	한눈에 들어오다	그림처럼 펼쳐지다

1. 장소: 삼성동 무역 센터의 전망대
→삼성동 무역 센터의 전망대에 올라가면 강남 지역을 한눈에 볼 수 있어요.

2. 장소: ______
→ ______
______.

3. 장소: ______
→ ______
______.

읽기 I·II 문법

가 밑줄 친 부분과 비슷한 의미를 고르십시오.

1. 나는 정말 <u>친구로서</u> 너한테 충고하는 거야.
   ✓① 친구의 자격으로
   ② 친구는 아니지만

2. 화요일은 날씨가 <u>맑겠으며</u> 수요일에는 약간 흐릴 것으로 보입니다.
   ① 맑고
   ② 맑으니까

3. 새로운 상품 개발에 대해 <u>의논하고자 합니다</u>.
   ① 의논하곤 합니다
   ② 의논하려고 합니다

4. 미나 씨는 뛰어난 춤 실력을 가지고 <u>있는 반면</u> 노래 실력은 그리 좋지 못하다.
   ① 있지만
   ② 있어서

5. 어제 파티에 <u>사장님을 비롯해서</u> 회사 직원들이 모두 왔다.
   ① 사장님을 포함해서
   ② 사장님은 안 오셨는데

–(으)로서 ~

가 알맞은 것을 고르십시오.

어머니로서	의사로서
대통령으로서	✓학생으로서

1. 열심히 공부하는 것은 학생으로서 당연한 일이다.

2. 아이를 돌보는 것은 .... 당연히 해야 할 일입니다.

3. .... 해야 할 일은 환자를 정성껏[4] 돌보는 것이다.

4. 이분은 국민들을 잘 이끌어[5] 가실 능력이 있습니다. .... 부족함이 없습니다.

–(으)며 ~

가 두 문장을 연결하십시오.

1. 그는 음악가다 / 작가이다
   → 그는 음악가이며 작가이다.

2. 방의 오른쪽에는 창문이 있다 / 왼쪽에는 책상이 놓여 있다
   → ....
   ....

3. 비타민 B가 부족하면 쉽게 피로를 느낀다 / 식욕이 떨어진다
   → ....
   ....

4. 그날 우리는 함께 영화를 봤다 / 서로에 대한 많은 이야기를 나누었다
   → ....
   ....

---

4) 정성껏(精誠–)　　부 정성을 다하여. 예 어머니께서 정성껏 도시락을 준비해 주셨다.
5) 이끌다　　동 사람, 단체, 사물 등을 어떤 방향으로 나아가게 하다. 예 그 노력은 우리 팀을 승리로 이끌었다.

* -고자 하다

가 격식적인 표현으로 바꾸십시오.

1. 새로운 상품 개발에 대한 회의를 시작하려고 해요.
   → 새로운 상품 개발에 대한 회의를 시작하고자 합니다.

2. 지금부터 성형 수술에 대해 토론하려고 해요.
   → .

3. 한국의 고궁[6]에 대해서 발표하려고 해요.
   → .

4. 이번 행사에 당첨되신 분들에게 선물을 드리려고 해요.
   → .

나 '-고자 하다'를 사용해서 문장을 연결하십시오.

1. 지금부터 인터넷 사업 / 의논하다
   → 지금부터 인터넷 사업에 대하여 의논하고자 합니다.

2. 지금부터 한국 대중문화의 특징 / 발표하다
   → .

3. 제가 맡은 일 / 최선을 다하다
   → .

4. 오늘은 아시아의 경제 문제 / 말씀드리다
   → .

* -(으)ㄴ/는 반면(에) ~

가 두 문장을 연결하십시오.

1. 이 영화는 내용은 좋다 / 배우들의 연기는 별로다
   → 이 영화는 내용은 좋은 반면 배우들의 연기는 별로다.

2. 봉사 활동은 일이 힘들다 / 끝내고 나면 보람이 있고 기분도 좋다
   → .

3. 패스트푸드는 빠르고 간단하게 먹을 수 있다 / 건강에 별로 좋지 않다
   → .

4. 이 시스템[7]은 대중교통을 이용하는 사람들에게 편리하다 / 자동차 운전자에게는 불편하다
   → .

5. 우리 반은 영어권 학생이 70%이다 / 옆 반은 20%도 되지 않는다
   → .

나 '-(으)ㄴ/는 반면에'를 사용해서 자유롭게 문장을 완성하십시오.

1. 나의 성격과 친구의 성격 비교

   .

2. 서울과 내가 태어난 고향 비교

   .

---

6) 고궁(古宮) 명 옛날 궁궐. 예 고궁을 걸으면서 역사에 대한 설명을 들었다.
7) 시스템(system) 명 여러 부분이 각각 자기 일을 하며 동시에 다른 것들과 서로 관계를 이루는 하나의 큰 전체. 예 나는 컴퓨터의 시스템에 대해 잘 모른다.

* –을/를 비롯해서 ~

가 다음 문장과 비슷한 의미의 문장을 만드십시오.

1. 그 물건은 서울 → 전국에서 인기가 있어서 아주 잘 팔린다.

→ 그 물건은 서울을 비롯해서 전국에서 인기가 있어서 아주 잘 팔린다.

2. 앤디 씨는 축구 → 모든 종류의 운동을 매우 잘한다.

→ ....

3. 선생님 → 함께 공부한 모든 친구들에게 고맙다는 말을 전하고 싶습니다.

→ ....

4. 손님을 초대하면 집안 청소, 요리 → 신경 써야 할 일이 아주 많다.

→ ....

나 내용을 고른 후 '–을/를 비롯해서'를 사용해서 문장을 완성하십시오.

아버지 → 온 가족	가요 → 모든 종류의 음악
한국 → 전 세계	✓사장님 → 우리 회사 직원들

1. 사장님을 비롯해서 우리 회사 직원들 모두 열심히 일합니다.

2. ....

....

3. ....

....

조사

가 알맞은 조사를 골라 문장을 완성하십시오.

–에	✓–을/를	–에서	–이/가

1. 남산 타워에서 서울 거리[를] 한눈[ ] 볼 수 있다.

2. 북촌 한옥 마을은 서울[ ] 한옥[ ] 가장 많이 모여 있는 곳이다.

나 알맞은 조사를 고르십시오.

–이/가	–을/를

1. 1) '불교 미술 박물관'에서는 조선 시대의 불상을 비롯한 불교 미술품 500여 점...... 전시하고 있습니다.
   2) '국립 중앙 박물관'은 한국의 역사 유물...... 한자리에 전시되어 있는 곳이다.

2. 1) 이번 행사에서는 고등학생을 위한 특별한 프로그램...... 준비했습니다.
   2) 이번 행사에서는 고등학생을 위한 특별한 프로그램...... 준비되어 있습니다.

3. 1) 어떻게 이 문제...... 해결해야 할지 잘 모르겠어요.
   2) 문제...... 잘 해결되었으니 걱정하지 마십시오.

4. 1) 나는 숙제를 할 때 자주 인터넷...... 사용한다.
   2) 처음에는 군사적[8]인 목적 때문에 인터넷...... 사용되었다.

5. 1) 여러 개의 줄...... 연결해서 길게 만들었어요.
   2) 저는 듣기 실력과 말하기 실력...... 서로 연결되어 있다고 생각합니다.

8) 군사적(軍事的) 명 군대나 전쟁 등에 관계되는 것. 예 그 지역에서 두 나라 사이의 군사적 충돌이 일어날 가능성이 있다.

TIP

'-하다'와 '-되다' 비교

하다: 1) 주어가 직접 그 행동을 하는 것을 의미한다.

예 ① 제가 밥을 했어요.

② 미나 씨가 그 일을 했어요.

2) '-하다'가 붙은 동사는 그 문장의 주어가 동작을 하는 주체라는 것을 나타낸다.
주로 '-을/를'과 결합한다.

예 ① 선생님께서 한국어 수업을 시작하셨다.

② 제가 방을 깨끗이 정리했어요.

③ 신문 광고를 위해 제가 이 문서를 번역했어요.

되다: 1) 주어가 그 행동을 받는 대상임을 의미한다.

예 ① 밥이 다 되었어요.

② 일이 잘되었어요.

2) '-되다'가 붙은 동사는 다른 주체에 의해 그 동작이 이루어졌다는 것을 나타낸다.
주로 '-이/가'와 결합한다.

예 ① 한국어 수업이 시작되었다.

② 방이 깨끗이 정리되었다.

③ 신문 광고를 위해 이 문서가 번역되었다.

〈동사의 예〉

-을/를 -하다	-이/가 -되다
-을/를 준비하다	-이/가 준비되다
-을/를 번역하다	-이/가 번역되다
-을/를 배달하다	-이/가 배달되다
-을/를 통역하다	-이/가 통역되다
-을/를 사용하다	-이/가 사용되다
-을/를 이용하다	-이/가 이용되다
-을/를 시작하다	-이/가 시작되다
-을/를 개발하다	-이/가 개발되다
-을/를 정리하다	-이/가 정리되다
-을/를 해결하다	-이/가 해결되다
-을/를 결정하다	-이/가 결정되다

※ 주의
'-하다'와 '-되다' 앞에 같은 조사가 사용되는 경우도 있다.

예 -이/가 발전하다, -이/가 발전되다
-이/가 -에 가입하다, -이/가 -에 가입되다
-이/가 -에 적응하다, -이/가 -에 적응되다

정리

가 알맞은 것을 골라 대화를 완성하십시오.

한눈에 볼 수 있다	✓조화되다	활기차다	싱싱하다	언어권	피다	정상

A: 철수 씨, 제가 서울에 온 지 얼마 안 되어서 서울에 대해 잘 모르는데요, 혹시 서울에서 구경할 만한 좋은 곳을 아시면 추천해 주세요.

B: 아, 그래요? 혹시 한국의 역사에 관심이 있으면 국립 중앙 박물관에 가 보세요. 한국의 역사 유물이 한자리에 전시되어 있으니까 한국의 역사에 대해 많이 배울 수 있을 거예요. 그리고 창덕궁에도 꼭 가 보세요. 그 곳에서는 자연과 1. 조화된 한국 궁궐의 멋을 감상할 수 있어요.

A: 창덕궁은 어디에 있는데요?

B: 지하철 3호선 종로 3가 역 근처에 있는데요, 방문하기 전에 미리 예약해야 돼요. 그리고 2. .... 에 따라 설명도 해 주니까 들으면 좋을 거예요.

A: 알겠어요. 창덕궁에 갈 때 미리 예약하고 갈게요.
그리고 저는 산책하는 것을 아주 좋아하는데, 서울에서 산책하기 좋은 곳은 어디예요?

B: 남산에 가 보세요. 특히 봄에는 여러 꽃들이 활짝 3. .... 참 예뻐요. 그리고 산 4. .... 에 올라가면 서울 타워가 있는데 그 곳에서는 서울을 5. ....

A: 알겠어요. 꼭 가 볼게요. 그리고 서울에 생선을 아주 싸게 살 수 있는 시장이 있다고 들었는데 혹시 아세요?

B: 아, 노량진 수산 시장을 이야기하는 것 같은데, 그곳에서는 바다에서 금방 잡은 것 같은 6. .... 생선을 살 수 있어요. 그리고 시장의 7. .... 분위기도 느낄 수 있어요.

A: 그렇군요. 좋은 장소를 소개해 주셔서 정말 고마워요.

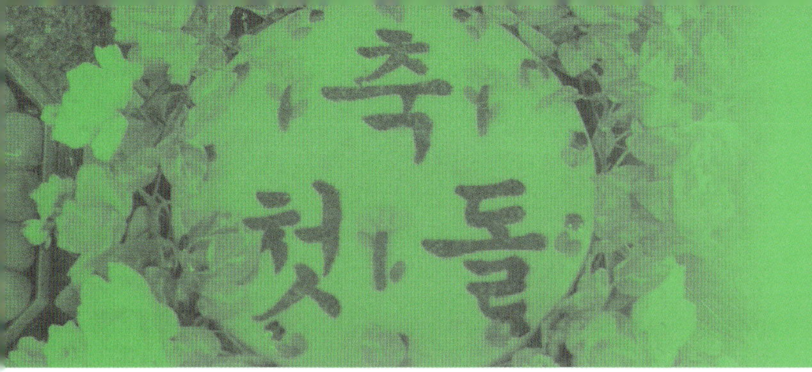

3 풍습

확인해 봅시다!

읽기 Ⅰ

어휘

명사
- 결혼
- 관
- 매장
- 미역국
- 비율
  - 비율이 높아지다
- 산모
- 산후
  - 산후 조리원
- 생명
- 시신
- 어려움
- 일생
- 장례
- 전문
  - 전문 기관
  - 전문적
- 조리
- 조문
- 주차
- 출생
- 폐
  - 폐를 끼치다
- 화장
  - 화장하다

동사
- 관리하다
- 끼치다
- 대접하다
- 제외하다
- 치르다
  - 장례식을 치르다

형용사
- 떠들썩하다
- 부드럽다
- 차갑다

부사
- 되도록
- 적어도
- 점점
- 최근

문법
- -은/는 -뿐이다

읽기 Ⅱ

어휘

명사
- 군데
  - 한 군데
- 눈앞
- 눈치
- 보석
- 생년월일
- 솜씨
- 술안주
- 시댁
- 시부모님
- 식은땀
- 실랑이
  - 실랑이가 벌어지다
- 이바지 (음식)
- 절값
- 친정
- 큰절
- 폐백
- 함

동사
- 갈아입다
- 긴장되다
- 내려놓다
- 닳다
- 대다
- 떠나가다
  - 동네가 떠나갈 정도로
- 떨리다
- 벌어지다
- 부리다
  - 고집을 부리다
- 숙이다
  - 허리를 숙이다
- 실감하다
- 앞두다
- 어떡하다
- 일어서다

형용사
- 밤늦다
- 아슬아슬하다
- 정성스럽다

부사
- 꾹
  - 꾹 참다
- 번쩍
  - 눈을 번쩍 뜨다
- 수없이
- 정신없이

표현
- 어이가 없다
- 한 발자국도 움직이지 않다

문법
- *-기라도 하면 ~ -아/어/여라
- *어찌나 -던지
- *-고 말다

말하기 Ⅰ : 사동사

-이-	-히-	-리-	-기-	-우-	-추-
녹이다	넓히다	늘리다	벗기다	깨우다	낮추다
높이다	눕히다	얼리다	신기다	끼우다	늦추다
먹이다	밝히다		씻기다	재우다	
	앉히다		웃기다		
	익히다				
	읽히다				
	입히다				

말하기 I

가 사동사로 바꾸십시오.

1. 녹다 – 녹[이]다
2. 얼다 – 얼[ ]다
3. 먹다 – 먹[ ]다
4. 넓다 – 넓[ ]다
5. 늦다 – 늦[ ]다
6. 깨다 – 깨[ ]다
7. 끼다 – 끼[ ]다
8. 입다 – 입[ ]다
9. 신다 – 신[ ]다
10. 앉다 – 앉[ ]다
11. 벗다 – 벗[ ]다
12. 눕다 – 눕[ ]다

나 알맞은 것을 고르십시오.

1. 다음 주에 제 생일 파티가 있어요. 그래서 초대장을 만들어 가까운 친구들에게 (돌았어요/돌렸어요).
2. 여러분, 상자 안에 있는 물건은 무엇일까요? 한번 (맞아/맞혀) 보세요.
3. 아이가 바지에 오줌[1]을 쌌으니까 바지를 (벗고/벗기고) 빨리 (씻어야/씻겨야) 해요.
4. 저는 매일 매일 최선을 다해야 한다고 생각해요. 왜냐하면 나중에 후회하면 너무 (늦기/늦추기) 때문이에요.
5. 고기를 오랫동안 냉동실에 넣어 두었더니 너무 딱딱해요. 아무래도 고기를 좀 (녹은/녹인) 다음에 먹어야 할 것 같아요.

다 알맞은 것을 골라 형태를 바꾸어 쓰십시오.

눕히다	밝히다	앉히다	✓알리다	읽히다

1. 미영 씨, 결혼할 때 저에게도 꼭 그 소식을 알려 주세요.
2. 아이를 침대에 .... 다음에 이야기나 노래를 들려주면 아이가 잘 잔다.
3. 아이를 차에 태울 때는 앞자리는 위험하니까 뒷자리에 .... 것이 좋아요.
4. 우리는 방의 불을 끄고 여러 개의 초로 불을 .... 다음, 친구의 생일을 축하했다.
5. 선생님이 학생들에게 책을 ...., 조용하던 교실은 책 읽는 소리로 떠들썩해졌다.

라 알맞은 것을 골라 대화를 완성하십시오.

깨우다	낮추다	넓히다	신기다	✓먹이다	입히다

1. A: 아이가 채소를 잘 안 먹으려고 해서 걱정이에요. 어떻게 하면 좋을까요?
   B: 채소를 잘 안 먹는 아이에게 채소를 먹이려면 채소를 작게 썰어서 볶음밥을 만들어 주는 게 좋아요.
2. A: 너 그 영화 봤어? 정말 볼 만하더라. 내용도 좋고…….
   B: 쉿! 여기는 도서관이니까 목소리를 좀 ....

---

1) 오줌 　명 몸에 필요 없는 것이 물과 함께 모여 있다가 몸 밖으로 나오는 것.
예 ① 오줌을 누다. 오줌을 싸다. ② 아이는 너무 무서워서 바지에 오줌을 쌌다.

3. A: 영선아, 왜 알람 시계를 3개나 맞추니[2)]?
B: 내일 오전까지 내야 할 숙제가 있는데 아직 못 해서 아침 일찍 학교에 가서 다 하려구요. 엄마, 내일 혹시 제가 못 일어나면 저를 ....

4. A: 집을 고치시나 봐요.
B: 네. 집을 지은 지 얼마 되지 않아 시설은 좋은데, 거실이 좀 좁은 편이라서 거실을 ....

5. A: 오늘은 어제에 비해 훨씬 더 추운데요.
B: 네, 그래서 아이한테 두꺼운 옷을 ...., 따뜻한 양말과 신발을 ....

마 사동사를 사용해서 자유롭게 문장을 완성하십시오.

익히다	✓늘리다	높이다
웃기다	재우다	낮추다

1. 언니는 요즘 갑자기 살이 쪄서 옷을 조금씩 늘려 입어야 한다.

2. ....

3. ....

4. ....

바 알맞은 것을 골라 대화를 완성하십시오.

✓키우다　맡기다　알리다　벗기다　재우다

부모라면 누구나 아이를 잘 1. 키우고 싶어할 것이다. 아이에게는 부모의 영향[3)]이 매우 크기 때문에 부모의 행동에 따라 아이의 미래도 달라지기 때문이다.

우선 아이를 잘 키우는 사람들은 대개 아이를 많이 안아 주고 아이와 대화를 많이 한다. 예를 들어 저녁 식사를 하며 그날 있었던 일에 대해 아이와 이야기를 나누고 아이를 밤에 2. .... 때 동화책을 읽어 주면서 아이를 안아 준다.

또한 엄마가 자신의 감정을 아이에게 잘 표현해야 아이도 다른 사람에게 자신의 감정이나 생각을 숨기지 않고 정확하게 표현할 수 있다. 따라서 부모는 어떨 때 속상한지, 어떨 때 화가 나는지 아이에게 감정을 솔직하게 3. .... 주는 것이 좋다.

그 다음으로 아이가 할 수 있는 일은 혼자 알아서 할 수 있도록 한다. 아이들에게 과일을 줄 때도 껍질[4)]을 다 4. .... 않고, 아이가 직접 과일을 자르도록 하는 것이 좋다. 또한 식물에 물을 주는 것, 자기 장난감을 닦아 보는 것, 엄마가 요리할 때 간단한 식사 준비를 하는 것 등 아이가 할 수 있는 집안일을 아이에게 5. .... 것도 좋다.

이렇게 아이의 생각을 존중하고 아이들과 감정과 사랑을 나누고 많은 기회를 줄 때 아이는 더 건강하고 훌륭하게 성장해 갈 것이다.

3

2) 맞추다　동 어떤 기준에 틀리지 않게 맞게 하다. 예 내일 아침 일찍 여행을 떠나야 해서 시계를 5시에 맞췄다.
3) 영향(影響)　명 다른 것에 변화를 주는 일. 예 아이는 자신이 보는 텔레비전 프로그램에 영향을 많이 받는다.
4) 껍질　명 딱딱하지 않은 어떤 것의 바깥쪽을 싸고 있는 것. 예 사과 껍질을 너무 두껍게 벗겼다.

읽기 Ⅰ·Ⅱ 어휘

가 다음은 한국의 풍습과 관련된 단어입니다. 관계있는 단어를 보기에서 찾아 쓰십시오.

출생 산모

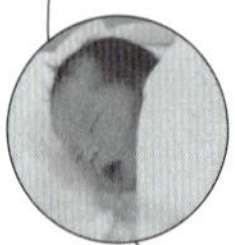

결혼 함

장례 시신

보기
✓함
✓산모
✓시신
미역국
폐백
조문
매장
관
절값
임신
신랑/신부
산후 조리원
이바지 음식

나 알맞은 것을 골라 형태를 바꾸어 쓰십시오.

1. 추석을 1주 앞둔 지난 주말에 부모님의 선물을 사러 백화점에 갔다.

   돌아보다　✓앞두다　앞지르다

2. 박물관에 전시된 물건에는 절대로 손을 .... 마십시오.

   대다　돌리다　닳다

3. 집들이 때 사람들이 좋아할 만한 음식을 정성스럽게 준비하여 ....

   대접하다　실감하다　각오하다

4. 유명한 가수가 공연을 할 때, 학생은 학교가 .... 정도로 박수를 쳤다.

   떠나가다　들어가다　장가가다

5. 우리 아파트를 전체적으로 .... 사무실이 어디에 있어요?

   수선하다　문의하다　관리하다

다 알맞은 것을 골라 형태를 바꾸어 쓰십시오.

차갑다　떠들썩하다　✓정성스럽다　아슬아슬하다

1. 요리는 맛도 중요하지만 무엇보다 정성스럽게 만들었다는 느낌이 중요하다.

2. 저는 소화가 잘 안 되는 편이라, ... 딱딱한 음식보다는 따뜻하고 부드러운 음식을 즐겨 먹습니다.

3. 회사에서 제일 인기가 많은 성엽 씨와 유진 씨가 결혼한다는 소식에 회사가 요즘 ....

4. 어제 버스를 탔는데, 기사 분이 너무 급하게 운전해서 사고가 날 것 같은 .... 순간이 몇 번이나 있었다.

라 알맞은 것을 골라 쓰십시오. 그리고 그 단어를 사용해서 예문을 만드십시오.

꾹	번쩍	✓최근	되도록	수없이

1. 최근 요즘. 바로 얼마 전부터 지금까지.
   예문) • 최근 몇 년 동안 평균 기온이 2도나 높아졌다고 한다.
   • 우리 나라의 암 환자 수가 최근 10년 사이에 8배나 늘어났다.

2. .... ① 갑자기 어떤 생각이 나서 감은 눈을 갑자기 크게 뜨는 모양.
   ② 무엇을 아주 가볍고 쉽게 드는 모양.
   예문) • 그 친구는 선생님의 질문을 듣자마자 손을 .... 들었다.
   • ....
   ....

3. .... 할 수 있으면. 가능하면.
   예문) • 오늘은 황사가 심하다고 하니, ... 외출을 피하는 게 좋겠습니다.
   • ....
   ....

4. .... 셀 수 없게 많이.
   예문) • 그날 배운 단어를 발음과 억양에 신경 쓰면서 .... 반복해서 말해야 그 나라 사람처럼 말할 수 있다.
   • ....
   ....

5. .... 슬픔이나 괴로움 같은 감정을 보이지 않으려고 참는 모양.
   예문) • 눈이 내린 오늘 아침, 아무리 기다려도 버스가 오지 않았다. 너무 추워서 택시를 타고 싶었지만 기다린 시간이 아까워 .... 참고 버스를 기다렸다.
   • ....
   ....

마 알맞은 조사를 쓰십시오. 그리고 표현의 알맞은 뜻을 찾아 줄을 그으십시오.

1. 허리 [를] 숙이다 • ㉠ 자기 생각이나 주장을 계속하다
2. 폐 [ ] 끼치다 • ㉡ 서로 의견이 달라서 싸움이 일어나다
3. 고집 [ ] 부리다 • ㉢ 허리를 앞으로 낮추다
4. 장례식 [ ] 치르다 • ㉣ 장례식 과정을 진행하고 끝내다
5. 실랑이 [ ] 벌어지다 • ㉤ 남에게 손해를 주거나 남을 귀찮게[5] 하다

5) 귀찮다 [귀찬타] 형 (무엇이) 마음에 들지 않고 괴롭고 하기 싫다. 예 요즘엔 공부도 하기 싫고 친구하고 만나는 것도 귀찮다.

3

바 알맞은 것을 **마**에서 골라 쓰십시오.

1. A: 저, 옆방에 사는 사람인데요, 죄송하지만 10시 이후에는 음악 소리 좀 낮춰 주실 수 있어요?
   B: 폐를 끼쳐 드려서 죄송합니다. 주의하겠습니다.

2. A: 미영 씨, 주말 잘 보내셨어요?
   B: 말도 마세요. 어제 아이들을 데리고 백화점에 갔는데, 아이가 갖고 싶은 장난감을 사겠다고 어찌나 .... 울던지.

3. A: 장례식 때 손님들이 많이 오셨어요?
   B: 네. .... 때 회사 동료, 친구들, 친척들이 모두 와 주셨습니다. 주변 분들께 너무 감사한 마음뿐입니다.

4. A: 요즘 병원에 다니신다고 들었어요. 어디가 안 좋으세요?
   B: 며칠 전에 화장실에서 지갑을 주우려고 잠깐 .... 그때 허리를 좀 삐었어요.

5. A: 어제 길을 가다가 다른 사람과 다투는 모습을 봤어요.
   B: 사소한 일로 .... 지금은 화해했어요.

사 밑줄 친 부분과 비슷한 의미를 고르십시오. 그리고 그 표현을 사용해서 예문을 만드십시오.

1. 아이는 갖고 싶은 장난감을 사 달라며 <u>한 발자국도 움직이지 않고</u> 그 자리에서 계속 울었다.
   ✓① 그 자리에서 조금도 움직이지 않고
   ② 그 자리에서 다른 장소로 움직이고

<u>한 발자국도 움직이지 않다</u>:

예문) ....
....

2. 그 사람은 자기가 잘못하고도 나한테 큰 소리로 화를 냈다. 나는 <u>어이가 없었다</u>.
   ① 예상과 꼭 맞았기 때문에 너무 기뻐서 말을 할 수가 없었다
   ② 예상한 것과 너무 달라서 무엇이라고 말을 할 수 없을 정도로 당황하고 놀라다.

<u>어이가 없다</u>:

예문) ....
....

읽기 I·II 문법

가 밑줄 친 부분과 비슷한 의미를 고르십시오.

1. 미래에 대해 꿈을 꿀 수 있는 동물은 <u>인간 뿐이라고 합니다</u>.
   ✓① 오직 인간밖에 없습니다
   ② 인간을 포함해서 많습니다

2. 저렇게 말다툼[6)]을 하다가 혹시 <u>몸싸움을 하기라도 하면 어떡하나</u> 걱정이 되었다.
   ① 몸싸움까지 할까 봐
   ② 몸싸움을 한 경험이 있어서

3. 밤새도록 일만 하지 말고 가족들을 위해 <u>시간 좀 내라</u>.
   ① 시간을 내야 한다
   ② 시간을 낼 계획이다

6) 말다툼 (명) 말로 싸우는 것. (예) 오늘 친구와 말다툼을 해서 기분이 안 좋다.

4. 오늘 어찌나 기쁘고 행복하던지.
① 너무 기쁘고 행복한 하루였다
② 너무 기뻤지만 행복하지는 않았다

5. 시험공부를 하다가 잠을 자고 말았다.
① 시험을 잘 보려고 일찍 잠을 잤다
② 잠을 잘 생각은 전혀 없었는데, 잠을 잤다

-은/는 -뿐이다

가 알맞은 것을 고르십시오.

✓㉠ 배용준뿐입니다.
㉡ 인생은 단 한 번뿐이잖아요.
㉢ 제가 할 수 있는 언어는 영어뿐이에요.
㉣ 도시락을 준비해 온 사람은 저뿐이었습니다.

1. A: 배용준 씨 말고 좋아하는 배우가 있으세요?
B: 아니요, 제가 좋아하는 배우는 ㉠배용준뿐입니다.

2. A: 다른 사람들도 모두 소풍에 도시락을 준비해 왔습니까?
B: 아니요, ………………………………………… .

3. A: 앤디 씨, 일본어나 중국어를 할 줄 아세요?
B: 아니요, ………………………………………… .

4. A: 영미 씨는 인생에서 중요하게 생각하는 게 뭐예요?
B: 음……. 시간이 중요한 것 같아요.
………………………………………… .
그러니까 현재 최선을 다하며 사는 게 중요한 것 같아요.

* -기라도 하면 ~

가 관계있는 내용을 찾아 줄을 그으십시오.

1. 그 사람을 길에서 우연히 한번 만나기라도 하면 •　　• ㉠ 얼마나 좋을까요?
2. 혹시 그가 발표를 하다가 실수를 하기라도 하면 •　　• ㉡ 어찌나 수술실 밖에서 기다리는 동안 계속 두려웠다.
3. 수술을 받다가 혹시 수술이 잘못 되기라도 하면 •　　• ㉢ 좋겠다는 생각을 가끔 해요.
4. 병원에 누워 있는 그 친구가 일어나 걷기라도 하면 •　　• ㉣ 어떡하나 발표를 들으며 걱정했다.

나 주어진 단어와 표현을 이용해서 대화를 완성하십시오.

1. A: 우리 사장님은 성격이 정말 이상해요. 갑자기 화를 낼 때도 많고 계획을 바꿔서 주말이나 밤에 일을 시킬 때도 많아요.
B: 저도 그렇게 생각해요. 지난주에는 저한테 주말에 갑자기 나와서 일을 하라고 하잖아요.
C: 조용히 이야기하세요. 다른 사람들이 우리 이야기를 듣기라도 하면 어떻게 하려고 그렇게 크게 이야기하세요?
(다른 사람들 / 우리 이야기를 듣다 / 어떻게 하려고 그렇게 크게 이야기하다)

2. A: 너, 앤디 씨 기억나니?
B: 아~ 우리가 10년 전에 너무 힘들었을 때 큰 도움을 줬던 친구?
A: 맞아. ……………………………………………
…………………………………………… .
(그 친구를 만나지는 못하다 / 소식을 듣다 / 좋겠다는 생각을 하다)

3

3. A: 얘야, 너 지금 나무 위에서 뭐 하니?
   B: 고양이가 계속 나무 위에 있어서 내려오게 하려구요.
   A: 빨리 내려와. ....
   (잘못하다 / 나무에서 떨어지다 / 어떡하나 걱정이 된다)

4. A: 오늘부터 날씨가 풀린다고 하니까 옷을 좀 가볍게 입고 가야겠어요.
   B: 그러다가 .... ?
   (저녁 / 갑자기 추워지다 / 어떻게 하다)
   A: 그럼, 얇은 스웨터를 가지고 갈게요.

다 다음 표현을 사용해서 여러분의 경험을 써 보십시오.

1. -기라도 하면 어떡하나 걱정했다

....

....

2. -기라도 하면 얼마나 좋을까요?

....

....

-아/어/여라

가 알맞은 것을 골라 형태를 바꾸어 쓰십시오.

✓말다	울다	쉬다	하다	피하다

1. A: 아이한테 너무 공부하라고 시키지 마라.
   B: 저도 그렇게 생각하긴 하는데 실천하기가 어려워요. 어머니.

2. A: 공항에 도착하면 전화부터 .... 알았지?
   B: 네, 알겠어요. 어머니, 이번에는 도착하자마자 집에 꼭 연락할게요.

3. A: 이번에 여행을 떠나면 일과 상관없이 여유 있는 시간을 보내며 푹 ....
   B: 형, 신경 써 줘서 고마워요. 여행 가서 푹 쉴게요.

4. A: 슬플 때는 감정을 숨기지 말고 그냥 .... 그렇게 몇 시간 울고 나면 기분이 괜찮아질 거야.
   B: 고맙습니다. 선생님.

5. A: 다른 사람들을 욕하는 자리는 .... 그런 자리에 있으면 결국 자기도 안 좋아.
   B: 맞습니다. 오히려 사람들이 없는 자리에서는 그 사람을 칭찬하는 게 좋지요.

* 어찌나 -던지

가 알맞은 것을 골라 형태를 바꾸어 쓰십시오.

춥다	✓오다	슬프다	마시다	재미있다

1. 오늘 아침 일어나 보니 다른 세상 같아요. 모든 게 다 하얘요. 밤새 어찌나 눈이 많이 오던지.

2. 어제 TV에서 개그[7] 프로그램을 보다가 너무 웃겨서 눈물까지 흘렸다. 어찌나 ....

3. 정말 작년 겨울은 생각하기도 싫다. 방에 있어도 밖에 있는 것처럼 손과 발이 꽁꽁 얼었다. 어찌나 ....

4. 지난 학기 마지막 날 어찌나 .... 눈물이 나는 것을 참기 힘들었다. 아마 선생님과 친구들과 헤어질 생각을 하니 마음이 안 좋았나 보다.

7) 개그 명 연극, 영화, 텔레비전 프로그램 등에서 재미있는 소리나 행동으로 보는 사람을 웃기는 일. 예 어제 본 개그는 정말 재미있었다.

5. 친구가 여자 친구와 헤어진 다음날 같이 술을 마셨다. 친구가 슬프게 울면서 어찌나 술을 많이 ....

나 다음 단어와 '어찌나 -던지'를 사용해서 문장을 만드십시오.

가다 먹다 ✓일하다 어렵다 놀라다 미안하다

1. 동생은 내가 왔는데 알지 못하고 계속 일했다. 어찌나 열심히 일을 하던지.

2. ....

3. ....

4. ....

* -고 말다

가 알맞은 것을 고르십시오.

문법 · 단어 참고서 p.45의 '-고 말다'와 '-아/어/여 버리다' 참고

1. 갑자기 일이 생겨서 친한 친구의 결혼식에 (못 가고 말았어요/못 가 버렸어요).

2. 실수로 지하철역에서 지갑을 (떨어뜨리고 말았어요/떨어뜨려 버렸어요).

3. 나는 그 옷을 입기 싫어 동생에게 (주고 말았어요/줘 버렸어요).

4. 오늘 출근하는 길에 갑자기 뛰어드는[8] 개를 피하려다가 앞차와 부딪치는 사고가 (나고 말았습니다/나 버렸습니다).

나 알맞은 단어와 '-고 말다'를 사용해서 문장을 완성하십시오.

쓰다 삐다 ✓자다 떨어지다

1. 어제 너무 피곤해서 세수도 안 하고 자고 말았어요.

2. 최선을 다했지만 입사 시험에 ....

3. 이번 달에는 친구 결혼식, 친구 부모님 장례식, 친구 아이들 돌잔치, 아버지 생신이 있어서 이번 달 월급을 다 ....

4. 어제 등산을 갔는데 비가 온 다음날이라 길이 좀 미끄러워서, 내려오다가 그만 발목을 ....

조사

가 알맞은 조사를 골라 문장을 완성하십시오.

✓-에 -을/를

1. 눈앞[에] 절값 봉투이 쌓여 가는 것[ ] 보니 참을 만했다.

2. 나는 폐백 옷[ ] 갈아입지도 않고 상[ ] 가서 절값[ ] 세기 시작했다.

8) 뛰어들다 (동) 빨리 움직여서 갑자기 들어가거나 들어오다. (예) 아이는 공을 잡으려고 갑자기 길에 뛰어들었다.

나 알맞은 조사를 골라 문장을 완성하십시오.

-에/에게	-을/를

1. 의사 선생님은 죽어가는 아이[를] <u>살렸다</u>.

2. 시원한 맥주를 마시기 위해 동생은 미리 얼음[ ] <u>얼려</u> 놓았다.

3. 나는 슬픈 마음[ ] <u>보이기</u> 싫어서 엄마[ ] 화를 내고 말았다.

4. 나는 친구와의 약속 시간[ ] 오전 9시에서 오후 1시로 <u>늦췄다</u>.

5. 앤디 씨는 미나 씨[ ] 여행 가방[ ] <u>맡기고</u> 잠깐 은행에 다녀왔다.

6. 엄마는 아이[ ] 병원에서 받은 약[ ] 하루에 3번 <u>먹였다</u>.

TIP

사동사는 '-을/를', '-에/에게'와 결합하여 문장을 구성한다.

1) (사람)이/가 + (물건/사람)을/를 + 사동사
2) (사람)이/가 + (사람)에게 + (물건/사람)을/를 + 사동사

정리

가 알맞은 것을 골라 대화를 완성하십시오.

-던지	-아/어/여라	-기라도 하면	되도록
부리다	알리다	✓앞두다	벌어지다	떠들썩하다

[결혼 한 달 전]

A: 세정아, 너 요즘 무슨 일 있니? 몇 번이나 계속 전화했는데 받지 않던데?

B: 응. 나 다음 달에 결혼해. 2주 전에 갑자기 결혼 날짜를 잡게 됐어. 그래서 결혼식을 한 달 **1.** 앞두고 요즘 이것저것 준비하느라 너무 바빠.

A: 그렇구나. 결혼 축하해. 결혼식에 꼭 갈게.

B: 아직 친구들한테는 결혼한다고 2. ______________ 못했어.

A: 그럼 내가 친구들한테 연락할게.

B: 고마워. 수지야, 다음 달 18일에 나 함 받기로 했는데 그때도 와 줄 수 있니? 네가 꼭 왔으면 좋겠다.

A: 알았어. 갈게.

[결혼 1주일 전]

A: 미안해. 내가 갑자기 출장을 가게 돼서 너 함 받는 거 못 봤네. 어제 잘 받았어?

B: 응. 어제 서연이하고 준경이, 영선이, 미나가 와서 많이 도와줬어.

A: 보통 신랑이 혼자 가지고 올 때는 조용하다고 하는데, 대현 씨 친구들이 함을 가지고 올 때는 어땠어? 시끄럽지는 않았어?

B: 말도 마. 온 동네가 떠나갈 정도로 "함 사세요."라고 하는데 어찌나 3. (시끄럽다) ______________. 옆집에 4. (폐를 끼치다) ______________ 어떡하나 걱정이 되었어. 나는 방에 있어서 자세히 볼 수는 없었지만, 나중에 식사하면서 들어 보니 대현 씨 친구들은 함을 주지 않으면서 내 친구들한테 노래해라, 술을 대접해라, 마음에 들지 않으면 들어오지 않겠다고 고집을 5. ______________. 그래서 우리 집 식구들과 대현 씨 사이에 가벼운 실랑이가 6. ______________ 고 하더라고. 한참 후에 함이 집 안으로 들어왔어. 식사 때는 우리 가족들과 대현 씨 친구들 사이가 좀 편해져서 즐겁게 식사를 할 수 있었어. 식사한 후에는 노래방에도 가서 즐겁게 같이 놀고 밤늦게 헤어졌어. 정말 7. ______________ 하루였지.

A: 그랬구나. 1주일밖에 남지 않았으니 푹 잘 8. (쉬다) ______________. 그래야 결혼식 날 더 예쁠 테니까.

B: 고마워. 결혼식 날 아침에 보지. 미안하지만 그날 9. ______________ 일찍 와서 나 좀 도와줘. 그날 너무 긴장할 것 같아.

A: 알았어. 그날 일찍 갈게.

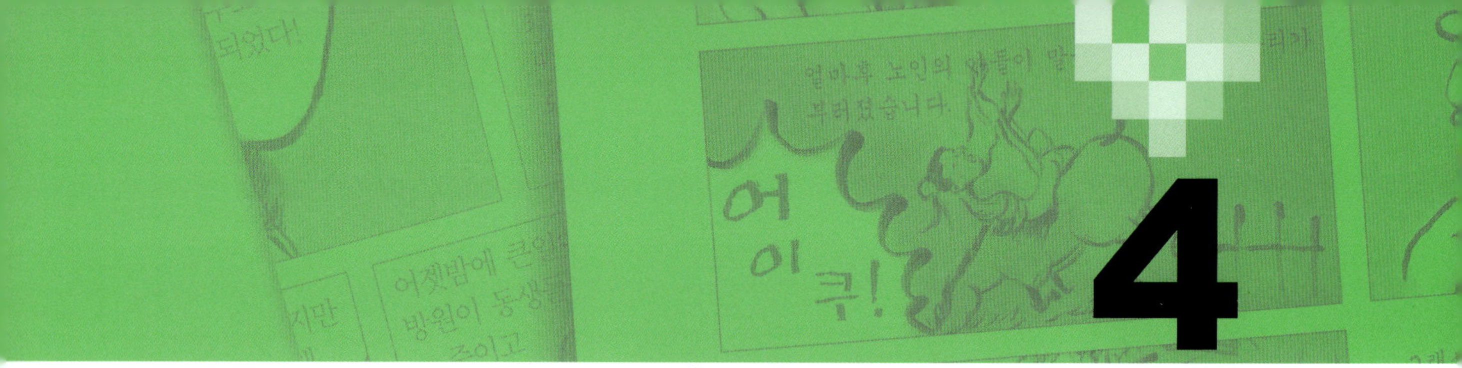

4 사자성어와 속담

확인해 봅시다!

읽기 Ⅰ

어휘

명사
- 내레이션
- 노인
- 변방
- 속
  - 속이 상하다
- 신하
- 왕위
- 전쟁터
- 젊은이
- 큰일
  - 큰일이 나다

동사
- 물려주다
- 상하다
- 인정하다
- 풀다
  - 화를 풀다

형용사
- 무사하다

표현
- 말도 안 돼!

문법
- −자 ~
- 줄인 표현:
- −다 ~, −아/어/여 ~

읽기 Ⅱ

어휘

명사
- 서리
- 유분수
  - 동문서답도 유분수지
- 의지
- 주례

사자성어
- 대기만성
- 동문서답
- 동병상련
- 막상막하
- 새옹지마
  - 인생은 새옹지마다
- 설상가상
- 외유내강
- 이심전심
- 일석이조
- 천생연분
- 칠전팔기
- 함흥차사

동사
- 겪다
- 겹치다
- 기르다
- 더하다
- 표현하다

형용사
- 상관없다

문법
- *−느니 (차라리) ~
- *−(으)ㄹ 겸 (해서) ~
- *−(으)나 마나 ~

말하기 Ⅰ : 옛말 인용하기

속담
- 가는 날이 장날이다
- 배보다 배꼽이 더 크다
- 병 주고 약 주다
- 식은 죽 먹기다
- 싼 게 비지떡이다
- 제 눈에 안경이다

인용 표현
- −다더니 ~
- −다는 이야기/생각/사실/소문/말/의미/뜻 ~

말하기 I

가 알맞은 속담을 골라 쓰십시오.

식은 죽 먹기이다 ✓배보다 배꼽이 더 크다 가는 날이 장날이다 제 눈에 안경이다 싼 게 비지떡이다 병 주고 약 주다

1. 3,000원짜리 점심을 먹고 6,000원짜리 커피를 마셨다. 배보다 배꼽이 더 크다.

2. 이 수학 문제는 너무 쉽다. 나한테 ______________________.

3. 아이를 데리고 어렵게 도서관에 갔는데 문이 닫혀 있었다. 정말 ______________________.

4. 길거리에서 싸게 산 바지가 하루 만에 찢어져 버렸다. 정말 ______________________.

5. 샐리는 별로 예쁘지도 않은 옷을 10벌이나 샀는데, 내가 예쁘지 않다고 아무리 말해도 소용없었다.
______________________.

6. 우리 상사는 자기 일을 꼭 나한테 시킨다. 그리고 ______________________는 것처럼 일을 시킨 후 비싼 식사를 사 주는데, 가끔은 얻어먹으면서도[1] 기분이 나쁘다.

-다더니

가 알맞은 것을 고르십시오.

1. A: 저는 무슨 일이든지 끝까지 하지를 못해요. 이번 운동도 시작했다가 금방 그만두면 어떡하죠?
   B: 그래도 ______________. 시작이 중요한 거니까 일단[2] 시작해 보세요.
   ✓① '시작이 반' 이라고 하잖아요
   ② '시작이 반' 이라더니 정말 그러네요

2. A: 새해부터 운동을 하기로 결심했어요. 수영을 시작한 지 한 달밖에 안 됐는데 벌써 건강해진 것 같아요.
   B: 야……, 모든 일은 ______________.
   ① '시작이 반' 이라는 말이에요
   ② '시작이 반' 이라더니 정말 그러네요

3. A: 우리 선생님은 한 번도 큰소리로 저희를 혼내신 적이 없으시고 목소리도 아주 부드러우세요. 하지만 학생들에게 문제가 생기면 아무리 힘든 일이라도 해결하실 수 있는 분이세요.
   B: ______________________.
   ① '외유내강' 이라는 말이에요
   ② '외유내강' 이라더니 선생님께서 바로 그런 분이시군요

4. A: 우리 선생님은 정말 외유내강이세요.
   B: ______________________?
   A: 겉으로 보기에는 부드럽고 따뜻하지만 안은 아주 강하다는 뜻이에요. 선생님은 보통 때는 한 번도 저희를 혼내시거나 화를 내신 적이 없지만 한번 화가 나시면 정말 무서우시거든요.
   ① '외유내강' 이라더니 정말 그래요
   ② '외유내강' 이라는 말이 무슨 뜻이에요

1) 얻어먹다 동 사람이 공짜로 주는 음식을 받아먹다. 예 친구의 숙제를 도와주고 저녁 식사를 잘 얻어먹었다.
2) 일단 (一旦) [일딴] 부 우선 먼저. 예 몸이 아프면 일단 병원에 가서 진찰을 받아야 한다.

나 대화를 완성하십시오.

1. A: 어제 부탁하신 일을 다 했어요.
   B: 그런 일 정도는 식은 죽 먹기라더니 정말 그러네요.

2. A: ....
   B: 배보다 배꼽이 더 크다고 하잖아요.

3. A: ....
   B: 제 눈에 안경이라는 말도 있잖아요.

4. A: ....
   B: 싼 게 비지떡이라니까요.

다 알맞은 속담과 '-다더니'를 사용해서 대화를 완성하십시오.

1.

A: ....
B: ....
A: ....
B: ....

2.

A: ....
B: ....
A: ....
B: ....

-다는 이야기/생각/사실/소문/말/의미/뜻 ~

가 한 문장으로 알맞게 연결한 것을 고르십시오.

1. 선생님이 결혼을 하다/그 소문을 들었어요?
   ① 선생님이 결혼을 할 소문을 들었어요?
   ② 선생님이 결혼을 하는 소문을 들었어요?
   ✓③ 선생님이 결혼을 한다는 소문을 들었어요?

2. 돌 하나로 두 마리 새를 잡다/그 말을 아세요?
   ① 돌 하나로 두 마리 새를 잡을 말을 아세요?
   ② 돌 하나로 두 마리 새를 잡는 말을 아세요?
   ③ 돌 하나로 두 마리 새를 잡는다는 말을 아세요?

나 '-다는'을 사용해서 한 문장으로 연결하십시오.

1. (창민 씨가 가수이다/그 사실을 아세요?)
   ▶ 창민 씨가 가수라는 사실을 아세요?

2. 한국에 오기 전에 (한국 사람들은 축구를 좋아하다/그 이야기를 들었어요)
   ▶ ....

3. 오늘 아침에 (차 사고가 나서 사람들이 많이 다쳤다/그 뉴스를 들었어요)
   ▶ ....

4. 나는 아직도 (내가 말실수를 했다/생각이 들지 않아요)
   ▶ ....

5. 선생님께서 (다음 달에 아기를 낳다/소문을 들었어요?)
   ▶ .... ?

6. 선생님께서 첫날에 (절대 결석하지 마라/말씀을 하셨어요)
   ▶ ....

7. 아나운서[3]는 TV에 나와서 (오늘 날씨가 별로 춥지 않다/말을 했어요)
   ▶ ....

3) 아나운서(announcer) 명 뉴스나 방송을 맡아 하는 사람. 예 야구장에서 아나운서가 안내 방송을 하고 있다.

다 다음 표현을 사용해서 질문에 대한 대답을 쓰십시오.

1. 요즘 인생에 대해 새롭게 알게 된 사실은?
   (-다는 생각)

   대답: 세상에는 쉬운 일이 없다는 생각을 했어요.

2. 요즘 직장이나 학교에서 들은 소문은?
   (-다는 소문)

   대답: ....

3. 여러분이 가장 좋아하는 속담이나 말은?
   (-다는 말)

   대답: ....

4. 요즘 재미있다고 이야기를 들은 영화는?
   (-다는 이야기)

   대답: ....

읽기 I·II 어휘

가 알맞은 사자성어를 골라 쓰십시오.

✓동문서답	대기만성	동병상련	막상막하	이심전심	외유내강
일석이조	설상가상	새옹지마	천생연분	칠전팔기	함흥차사

1. 국제회의[4]에서는 통역이 매우 중요하다. 통역을 정확하게 하지 않으면 중요한 질문에 대해 동문서답 할 수 있기 때문이다.

2. 친구가 돈을 찾으러 은행에 갔는데 1시간이 지나도 돌아오지 않는다. .... (이)다.

3. 우리 선생님은 학생들에게는 아주 친절하신데 자기 자신에게는 엄격하시고[5] 정확하신 분이다. .... (이)라고 할 수 있다.

---

4) 국제회의(國際會議) 명 여러 나라 대표들이 국제적인 문제를 의논하기 위하여 여는 회의.
예 다음 달에 미국에서 FTA 협정에 관한 국제회의가 열릴 예정입니다.

5) 엄격하다(嚴格--) [엄겨카다] 형 말, 태도, 규칙 등이 매우 엄하고 정확하다.
예 우리 아버지는 아주 엄격하셔서 내가 다른 사람에게 예의 없게 행동하면 매우 혼을 내셨다.

4. 운전면허 시험에 세 번이나 떨어졌지만 __________의 정신으로 다시 시험을 보려고 한다.

5. 친구 생각을 하고 있었는데, 바로 그 친구가 전화를 했다. __________(이)다.

6. 두 사람의 바둑[6)] 실력은 __________(이)기 때문에 끝날 때까지 누가 이길지 예상하기 어렵다.

7. 게임을 하면서 한국어를 배우면 재미도 있고 공부도 되니까 __________(이)다.

8. 방학 때 집에 가지 않는 학생들끼리 모여서 식사를 했다. 쓸쓸하고 외로운[7)] 사람들끼리 __________(이)다.

9. 학교에 늦었는데 버스는 오지 않는다. __________(으)로 비까지 내리기 시작했다.

10. 내가 어려운 일을 겪을 때마다 우리 할머니는 항상 인생은 __________(이)기 때문에 실망하지 말라고 말씀하셨다.

11. 그 배우는 40대까지 인기가 없다가 나중에 인기를 얻은 __________형 배우이다.

12. 앤디 씨는 자기 여자 친구가 세상에서 제일 예쁘다고 생각한다. 마찬가지로 그 여자 친구도 앤디 씨가 제일 멋있다고 생각한다. 정말 두 사람은 __________이다.

나 알맞은 것을 고르십시오.

1. A: 오늘 우리 김치찌개 먹을까?
   B: 내가 김치찌개 먹고 싶어하는 거 어떻게 알았어? (✓① 이심전심으로 통했네/② 이심전심으로 하네).

2. A: 민우 씨는 키가 작은 것을 항상 부끄럽게 생각했는데, 민우 씨 여자 친구는 키 작은 남자를 좋아한다고 했대요.
   B: 그러니까 두 사람을 (① 천생연분이라고/② 천생연분 한다고) 하는 거 아니겠어요?

3. A: 제니 씨가 마이클 씨보다 한국말을 더 잘하지 않아요?
   B: 아니요, 제가 보기에는 두 사람의 실력이 (① 막상막하예요/② 막상막하가 있어요). 그래서 누가 더 낫다고 말하기 어려워요.

4. A: 유학 생활을 처음 시작할 때 힘들지 않았어요?
   B: 힘들었어요. 한번은 하숙집에 도둑이 든 적이 있었는데, 말을 잘 못하니까 경찰에게 설명하는 것도 아주 어려웠어요. 그리고 (① 설상가상으로/② 설상가상 있어서) 도와줄 수 있는 친구도 없었고요.

5. A: 여자 친구를 보통 어디에서 만나요?
   B: 도서관이요. 공부도 하고 데이트도 할 수 있으니까 (① 일석이조예요/② 일석이조가 있어요).

6. A: 사업에 크게 성공하셨는데 특별한 방법이 있으셨나요?
   B: 특별한 방법은 없고요, 실패했을 때마다 (① 칠전팔기의 정신으로/② 칠전팔기의 행동으로) 다시 노력했어요.

6) 바둑 명 두 사람이 검은 돌과 흰 돌을 나누어 가지고 바둑판 위에서 하는 놀이. 예 두 노인은 하루 종일 바둑만 두면서 시간을 보낸다.
7) 외롭다 형 혼자 있거나 의지할 곳이 없어서 쓸쓸하다. 예 친한 친구가 자기 나라로 돌아가고 난 후 너무 외로워서 매일 술을 마셨다.

7. A: 집에서 학교까지 어떻게 와요?
   B: 길이 너무 많이 막혀요.
   A: 왜 (① 동문서답하고/② 동문서답 묻고) 그러세요? 학교까지 어떻게 오냐고 물었잖아요?

다 알맞은 것을 골라 형태를 바꾸어 쓰십시오.

겹치다	✓상하다	상관없다	무사하다

1. 우리 애가 또 시험에 떨어졌어요. 너무 속이 상해요.
2. 어려운 일, 힘든 일은 한 가지씩 일어나지 않고 꼭 .... 일어난다.
3. 너와는 .... 일이니까 신경 쓸 필요 없다.

4. 여행을 간 딸에게 소식이 없어서 걱정했는데, ...는 전화를 받고 안심했다.

라 알맞은 것을 골라 형태를 바꾸어 쓰십시오.

나다	겪다	풀다	✓하다

1. 나는 다른 생각을 하다가 질문에 동문서답을 한 적이 많다.
2. 화나는 일이 있더라도 밤에 잘 때는 꼭 화를 .... 잠자리[8]에 들어야 한다.
3. 살아오면서 힘든 일을 많이 .... 사람만이 다른 사람을 잘 이해할 수 있다.
4. 큰일이 ....! 민수가 편지를 써 놓고 집을 나갔어요.

읽기 I·II 문법

가 밑줄 친 부분과 비슷한 의미를 고르십시오.

1. 비가 오자 사람들이 갑자기 뛰기 시작했다.
   ✓① 왔다. 그리고
   ② 올 것 같다. 그래서
2. 집에 가다 친구를 만나서 같이 저녁을 먹었습니다.
   ① 갔지만
   ② 가는 도중에
3. 외국에 나가 공부하는 젊은이들이 점점 늘고 있다.
   ① 나가서
   ② 나가기 전에
4. 빵을 먹느니 차라리 아무것도 안 먹는 게 낫겠어요.
   ① 먹은 다음에
   ② 먹는 것보다는
5. 오랜만에 선생님도 좀 뵙고 인사도 드릴 겸해서 찾아왔습니다.
   ① 인사 대신에
   ② 인사도 드리기 위해서
6. 술을 그렇게 많이 마시면 아무리 운동을 열심히 한다고 해도 하나 마나이다.
   ① 소용이 없다
   ② 도움을 줄 수 있다

8) 잠자리 [잠짜리] 명 잠을 자는 이불. '잠자리에 들다'는 '잠을 자다'라는 의미이다. 예 10시가 되었어. 잠자리에 들어야 할 시간이야.

나 알맞은 문법을 골라 일기를 완성하십시오.

✓ -자　　-아/어/여　　-다

11월 3일 금요일

학교에 가기 위해 집을 1.(나서다) 나서자 갑자기 비가 오기 시작했다. 우산이 없어서 뛰기 시작했는데, 정신없이 2.(뛰다) ________ 그만 길에 넘어졌다. 바지가 3.(찢어지다) ________ 피가 흐르고, 옷도 비 때문에 다 젖었다[9]. 하지만 다친 것보다 넘어진 것이 더 부끄러웠다.

4

* -느니 (차라리) ~

가 알맞은 것을 골라 대화를 완성하십시오.

벌을 받다	직접 전화를 드려 보다
✓ 공부를 다시 시작하다	서울에서 다른 곳에 취직하다

1. A: 직장에 나가는 게 너무 지겹고, 하는 일도 재미없어요.
   B: 너한테 잘 맞지 않는 일을 억지로 하느니 차라리 일을 그만두고 공부를 다시 시작하는 것이 어때?

2. A: 너 친구에게 사과할 거야? 아니면 벌을 받을 거야?
   B: 저는 잘못한 거 없습니다. 잘못이 없는데 억지로 사과하느니 차라리 ________.

3. A: 급한 일 때문에 사장님한테 여러 번 이메일을 보냈는데 답장이 없어요.
   B: 그렇게 급한 일이면 답장도 없는 이메일만 보내느니 차라리 ________?

4. A: 여보, 오늘 결정이 났는데 내년부터 지방에 내려가서 근무를 해야 한대요.
   B: 지방이요? 아이들 학교와 제 직장은 어떻게 해요? 지방에 내려가서 사느니 차라리 ________ ________.

9) 젖다　　동 물이 들어가서 축축하게 되다. 예 1시간 넘게 운동을 했더니 땀 때문에 옷이 다 젖었다.

나 자유롭게 문장을 완성하십시오.

1. 맛없는 음식을 먹느니 차라리 굶겠습니다.

2. 하기 싫은 공부를 억지로 하느니 ______________________.

3. 별로 좋아하지 않는 사람과 결혼하느니 ______________________.

4. 친구와 싸우느니 ______________________.

* -(으)ㄹ 겸 (해서) ~

가 관계있는 내용을 찾아 줄을 그으십시오. 그리고 한 문장으로 연결하십시오.

1. 식사도 하다/사업 이야기도 하다 •	㉠ 일찍 일어나다
2. 돈을 벌다/취미도 살리다 •	㉡ 노래방에 가다
3. 운동을 하다/아침 공부도 하다 •	㉢ 식당에서 만나기로 하다
4. 노래를 부르다/스트레스도 풀다 •	㉣ 꽃 가게를 차리다

→ 1. 식사도 하고 사업 이야기도 할 겸 해서 그 사람을 식당에서 만나기로 했다.

2. ______________________.

3. ______________________.

4. ______________________.

나 '-(으)ㄹ 겸 (해서)'를 사용해서 여러분이 자주 가는 곳에 대해 쓰십시오.

1. 나는 운동도 하고 맑은 공기도 마실 겸 [매일 아침에 집 앞에 있는 산]에 간다.

2. ______________________ [   ]에 간다.

* –(으)나 마나~

가 문장을 완성하십시오.

1. A: 민수가 저녁 먹기 전에 집에 온다고 했는데…….
   B: (보다) 보나 마나 또 친구하고 만나서 놀고 있을 거야.

2. A: 백화점에 새 물건이 들어왔을까? 오늘 오후에 한번 가 볼까?
   B: 주말이나 되어야 물건이 들어온다고 했어. 오늘은 가도 물건이 없으니까 (가 보다) .

3. A: 부장님이 회의한다고 빨리 모이래.
   B: (듣다) 뻔해[10]. 매일 똑같은 이야기잖아.

4. A: 약을 우유와 함께 먹으면 안 된대. 우유 때문에 약의 효과가 없어지기 때문에 (먹다) .
   B: 그래? 난 몰랐어.

4

나 여러분은 다음 표현을 말하거나 들어본 적이 있습니까? 여러분의 경험에 대해 써 보십시오.

1. 들으나 마나 또 거짓말일 것이다
   내 친구는 정말 거짓말을 잘한다. 그 친구 말은 들으나 마나 또 거짓말일 것이다.

2. 보나 마나 시험에 떨어질 것이다
   .

3. 해 보나 마나 소용없는[11] 일이다
   .

조사

가 알맞은 조사를 골라 문장을 완성하십시오.

–이/가 –와/과 ✓–에

1. 나는 사람들이 묻는 말 [에] 동문서답한 적 [ ] 많다.

2. 우리 어머니는 겉보기 [ ] 달리 의지 [ ] 아주 강하시다.

10) 뻔하다 형 어떤 일의 결과나 상태가 매우 분명하다. 예 뻔한 거짓말은 하지 말아라. 우리 팀이 이길 것이 뻔하다.
11) 소용없다(所用--) 형
이익이나 도움이 될 것이 없다. 예 그사람한테 아무리 얘기해도 소용없어요. 다른 사람 말을 전혀 듣지 않아요.

나 공통으로 들어가는 조사를 쓰십시오.

- A: 여행은 어땠어?
  B: 말도 마. 가방을 잃어버려서 돈하고 여권이 모두 없어지고, 도와줄 수 있는 친구도 없고, 설상가상 .... 갑자기 비까지 심하게 많이 내려서 정말 고생했어.

- A: (친구 선희에게 전화한다) 따르릉~
  B: 여보세요?
  A: 선희야, 나 준수야.
  B: 어? 나도 지금 너한테 전화하려고 했는데.
  A: 그랬어? 우리 이심전심 .... 통했네.

- A: 회사 입사 시험에서 또 떨어졌어.
  B: 칠전팔기의 정신 .... 다시 한 번 도전해 봐. 다음에는 꼭 붙을 거야!

TIP

'-(으)로'는 '설상가상, 이심전심, 칠전팔기' 등의 사자성어와 결합하여 하나의 표현처럼 사용된다.

예 ① 회사 취직 시험에 떨어졌다. 설상가상으로 여자 친구와도 헤어졌다.
② 엄마와 나는 항상 이심전심으로 통한다.
③ 칠전팔기의 정신으로 노력하면 안 되는 일이 없다.

정리

가 알맞은 것을 골라 대화를 완성하십시오.

-느니	-다더니	-(으)ㄹ 겸	-다는
✓설상가상	동병상련이다		겪다

A: 너, 얼굴이 왜 그래? 누구하고 싸웠어?

B: 어제 나 여자 친구랑 헤어졌어. 기분이 우울해서 술을 마시다가 1. 설상가상으로 지갑도 잃어버리고, 괜히 옆 사람하고 싸우고…….

A: 나쁜 일은 겹쳐서 2.(일어나다) .... 정말 그렇구나.

B: 이렇게 3.(살다) .... 차라리 죽는 게 낫겠어.

A: 야, 무슨 소리야? 나도 얼마 전에 여자 친구랑 헤어졌잖아. 그런데 시간이 지나니까 괜찮아지더라고. 그냥 인연이 아니었다고 생각해.

B: 내가 더 좋은 사람을 만날 수 있을까?

A: 당연하지! 분명히 더 착하고 예쁜 여자를 만나게 될 거야. 인생은 4.(새옹지마이다) .... 말도 있잖아.

B: 마크, 우리 5. .... 사람끼리 오늘 저녁에 한잔 어때?

A: 술? 좋아. 어려운 일을 6. .... 사람들끼리 위로를 해 줘야지. 저녁도 먹고 술도 7.(마시다) .... 학교 앞의 술집에 가는 거 어때?

B: 그래. 가자!

모의

한국어능력시험

A권 1~4과

어휘·문법, 쓰기, 읽기

총문항수 : 33 문항
시험시간 : 90분

수험번호 (Registration No.)		
이 름 (Name)	한국어 (Korean)	
	영 어 (English)	

※ 주의점
- 30분 시간을 정해 놓고 어휘 · 문법, 쓰기, 읽기 문제를 푸십시오.
- 각 영역 당 60% 이상 맞힌 경우에 5급 정도의 실력을 갖춘 것으로 간주합니다.

어휘 · 문법 (1번~15번)

※ [1~7] 다음 (   ) 안에 알맞은 것을 고르십시오.

1. 선생님의 (   ) 덕분에 끝까지 포기하지 않고 공부를 마칠 수 있었다.
① 격려 ② 각오 ③ 솜씨 ④ 주례

2. 시장은 물건을 사고파는 사람들로 아침부터 (   ) 분위기였다.
① 고운 ② 싱싱한 ③ 활기찬 ④ 후련한

3. 회사의 어려운 사정을 듣고 사원들이 회사를 (   ) 위해서 돈을 모으고 있다.
① 부리기 ② 살리기 ③ 살기 ④ 깨우기

4. 밤늦게 다른 사람의 집에 전화하는 것은 남에게 (   ) 행동이다.
① 한눈에 들어오는 ② 깨끗이 포기하는 ③ 조화를 이루는 ④ 폐를 끼치는

5. 한국어 실력이 별로 좋지 않았는데 열심히 연습하다 보니 (   ) 실력이 늘었다.
① 되도록 ② 점점 ③ 활발히 ④ 수없이

6. 군대에 간 아들에게 연락이 없어서 걱정했는데 (   ) 잘 지낸다는 전화를 받고 안심했다.
① 꾹 ② 헛되이 ③ 무사히 ④ 끊임없이

7. 암에 걸려서 6개월밖에 살지 못한다는 의사의 말을 듣고 (   ).
① 뭉클했다 ② 후련했다 ③ 뿌듯했다 ④ 절망했다

※ [8~9] 다음 중 틀린 문장을 고르십시오.

8. ① 조용한 시골과 달리 도시는 많은 사람들과 차들 때문에 복잡하다.
② 저는 외국어 배우는 것을 좋아하는데, 영어는커녕 프랑스어도 잘해요.
③ 어릴 때 저를 도와주신 선생님을 한번 뵙기라도 하면 얼마나 좋을까요?
④ 부모님을 비롯해서 그동안 저를 돌봐 주신 많은 분들께 진심으로 감사드립니다.

9. ① 여행도 하고 영어도 배울 겸 영국에 가려고 해요.
② 급히 계단을 내려가다가 계단에서 미끄러지고 말았다.
③ 도서관에는 우리 말고도 책을 읽는 사람이 아무도 없었다.
④ 나는 주중에는 바쁘게 지내는 반면 주말에는 여유 있게 보내는 편이다.

※ [**10~11**] 다음 글을 읽고 물음에 답하십시오.

> 기억력을 향상시키려는 목적으로 무리하게 뇌를 사용하는 사람들이 있다. 예를 들어 전화번호를 100개 외운다든가, 어려운 나라 이름을 100개 외운다든가 하는 것이 바로 그것이다. 그렇다면 이러한 노력들이 과연 기억력 향상에 도움이 될까?
>
> 결론부터 이야기하자면 이러한 것들은 뇌에 그리 도움이 되지 않는다. 아니, (㉠) 오히려 뇌의 기능을 감소시킨다고 한다. 왜냐하면 뇌의 능력에는 (㉡)이/가 있기 때문이다. 컴퓨터의 메모리처럼 기억력도 쓸데없는 곳에 낭비하면 정작 사용해야 할 곳에 사용할 수 없게 된다. 따라서 기억력을 향상시키기 위해서는 꼭 필요한 것만 기억하고 나머지는 메모를 해 두는 것이 좋다.

10. ㉠에 알맞은 말을 고르십시오.

① 도움이 되기는커녕　　② 도움이 되기도 하지만
③ 도움이 된다고 보기에는　　④ 도움이 되는 것은 물론이고

11. ㉡에 알맞은 말을 고르십시오.

① 한계　　② 비결
③ 계기　　④ 비율

※ [**12~13**] 다음 글을 읽고 물음에 답하십시오.

> **OO 기업 신입 사원 모집 공고**
>
> ○○기업에서는 활기차고 의욕 있는 신입 사원을 (㉠).
>
> ○○기업은 미국(㉡) 일본, 중국 등 여러 나라에 한국 전통 음식을 수출하는 회사로서, 해외 영업을 담당할 실력 있고 유능한 신입 사원을 모집합니다. 영어 회화가 가능하고 적극적인 성격을 가지신 분들이면 대환영입니다. 관심이 있으신 분들의 많은 신청 바랍니다.

12. ㉠에 알맞은 말을 고르십시오.

① 모집하곤 합니다　　② 모집하고자 합니다
③ 모집하도록 합니다　　④ 모집하게끔 합니다

13. ㉡에 알맞은 말을 고르십시오.

① 과 달리　　② 에 비해서
③ 을 비롯해서　　④ 과 마찬가지로

※ [**14~15**] 다음 글을 읽고 물음에 답하십시오.

강원도 어느 절에 조신이라는 젊은 스님이 있었다. 어느 날 조신은 기도하러 온 태수의 딸을 보고 사랑에 빠져 그 처녀와 결혼할 수 있게 해 달라고 부처님께 기도했다. 조신의 소원이 이루어져 조신은 그 처녀와 함께 몰래 도망쳐 산속에서 살았다. 하지만 너무 가난했기 때문에 조신의 가족은 배고픔에 시달리다가 큰아들이 목숨을 (㉠). 게다가 조신 부부도 병에 걸려 일을 할 수 없게 되었다. (㉡) 이웃에게 음식을 빌리러 간 큰딸도 개에 물려 크게 다치는 일이 일어났다. 결국 조신 부부는 가난한 생활에 지쳐 헤어지기로 결심했다. 조신이 아내에게 막 작별을 하려는 순간 조신은 꿈에서 깨어났다. 이 모든 것이 꿈이었던 것이다.

14. ㉠에 알맞은 말을 고르십시오.
   ① 잃고 말았다　　② 잃을 뿐이었다
   ③ 잃고자 하였다　　④ 잃을 줄 몰랐다

15. ㉡에 알맞은 말을 고르십시오.
   ① 막상막하로　　② 칠전팔기로
   ③ 이심전심으로　　④ 설상가상으로

쓰기 (16번~21번)

※ [**16~17**] 다음 표현을 이용하여 만든 문장 중 가장 자연스러운 것을 고르십시오.

16. 그 사람 / 업무 능력은 뛰어나다 / 반면에 / 성격은 별로 좋지 않다 / 사람들한테 인기가 없다

   ① 그 사람은 업무 능력은 뛰어날 반면에 성격이 별로 좋지 않자 사람들한테 인기가 없다.
   ② 그 사람은 업무 능력은 뛰어난 반면에 성격이 별로 좋지 않자 사람들한테 인기가 없다.
   ③ 그 사람은 업무 능력은 뛰어날 반면에 성격이 별로 좋지 않아서 사람들한테 인기가 없다.
   ④ 그 사람은 업무 능력은 뛰어난 반면에 성격이 별로 좋지 않아서 사람들한테 인기가 없다.

17. 친구 / 너무 심하게 운동을 하다 / 다치다 / 어떡하다 / 걱정이 되다

   ① 친구가 너무 심하게 운동을 하느니 차라리 다치면 어떡하나 걱정이 되었다.
   ② 친구가 너무 심하게 운동을 하면 다치나 마나니까 어떡하나 걱정이 되었다.
   ③ 친구가 너무 심하게 운동을 하다가 다치기라도 하면 어떡하나 걱정이 되었다.
   ④ 친구가 너무 심하게 운동을 하려고 다치기라도 하면 어떡하나 걱정이 되었다.

※ [**18~19**] 다음 (　　　　)에 가장 알맞은 것을 고르십시오.

18.

그는 선생님으로 5년 동안 일했다. 그러나 진짜 하고 싶은 일을 하지 못하고 있다는 생각을 버릴 수가 없었다. 그래서 그는 40살 생일이 되던 날, 선생님이라는 안정된 직업을 버리고 어렸을 때부터의 꿈이었던 일을 하기로 마음먹었다. 그것은 바로 (　　　　　　　　　　　　　　　　　　　　　　　　).

① 연기를 배워 연극배우가 되기로 한 것이다
② 학교를 그만두고 새로운 일을 하나씩 배워 나가고 있다
③ 같이 근무하고 있는 다른 선생님들에게도 그 사실을 알렸다
④ 지금 하고 있는 일보다 하고 싶어하는 일을 하는 것이 중요하기 때문이다

19.

일반 사람들이 알고 있는 것보다 훨씬 많은 배우들이 보이지 않는 곳에서 피땀을 흘리며 노력하고 있다. 드라마와 영화에서 멋진 모습으로 등장해 시청자를 즐겁게 할 날을 기다리면서. 그러나 동시에 자신에게 기회가 오지 않는다고 절망하는 배우들도 많다. 배우들이여, 대기만성이라는 말도 있지 않은가! (　　　　　　　　　　　　　　　　　　).

① 훌륭한 그릇은 언제 만들어지는 것일까
② 훌륭한 배우는 많은 노력 끝에 이루어진다더니
③ 미래에 대하여 자신감 없이 불안해하는 사람이 많다
④ 최선을 다해 노력하면 반드시 성공할 날이 올 것이다

※ [**20~21**] 제시된 표현을 사용해서 문장을 만드십시오. (**30**자 내외)

20. 나는 대학교 때 1년 동안 가난한 나라를 여행한 적이 있다. (그 여행 / 계기 / 가난한 사람들을 도와주는 일을 하다 / 결심하다)

____.

21. 살다 보면 포기하고 싶고 피하고 싶은 일을 수없이 많이 만날 거예요. 그러나 포기하지 마세요. (어려운 일을 겪다 / 칠전팔기 / 정신 / 다시 한 번 도전하다)

____.

읽기 (22번~33번)

22. 다음은 신문 기사의 제목입니다. 가장 잘 설명한 것을 고르십시오.

면접 시 가장 많은 실수는 동문서답

① 면접시험의 정답은 아주 맞히기 어렵다.
② 면접시험에서 실수하지 않도록 노력해야 한다.
③ 취직할 때 면접시험에서 떨어지는 사람이 많다.
④ 면접시험에서 질문에 맞지 않는 대답을 하는 경우가 많다.

23. 다음은 어떤 글의 시작 부분인지 고르십시오.

우리나라 최초의 현대 소설인 '무정'을 쓴 이광수 선생의 생가가 아직도 남아 있다는 것은 너무나 반가운 일이다. 그 곳의 주소를 들고 세검정 앞 상명교를 건너 좁은 오르막길을 몇 번씩 힘들게 왔다 갔다 한 후 겨우 그의 생가를 찾을 수 있었다. 삼각산의 풍경이 한눈에 들어올 정도로 높은 곳에 위치한 그의 생가에 들어서자 마치 다른 세상에 온 것 같은 조용함과 평화로움이 느껴졌다.

① 장소를 소개하는 글
② 전시회를 소개하는 글
③ 문학 작품을 설명한 글
④ 책을 읽고 나서 감상을 쓴 글

24. ㉠에 알맞은 것은?

나는 누군가가 성공을 했다고 듣거나 성공한 사람을 만나면 '아, 그럴 만하다.' 라고 생각한다. 노력했기 때문에 현재 그 사람의 성공이 있다고 여기기 때문이다. 이처럼 나는 누군가의 성공을 부러워해 본 적은 있으나 질투해 본 적은 없다. 질투를 하면서 불평하는 시간에 차라리 (㉠).

① 내가 할 수 있는 많은 일을 못하게 된다
② 다른 사람에 대하여 불평하는 것은 쉽지만 노력하는 것은 어렵다
③ 그 사람처럼 노력하는 쪽을 택하는 것이 현명하다고 생각하기 때문이다
④ 많은 사람들이 성공한 사람들에 대하여 불평하거나 질투하는 경향이 있다

25. 다음 글의 주제로 가장 적절한 것을 고르십시오.

> 한옥의 방은 우선 침실 역할을 한다. 바닥에 이불을 깔면 밤에 잠을 잘 수 있다. 잠을 자지 않을 때는 이불을 장롱 속에 넣어 둔다. 그러면 방에는 다시 공간이 생긴다. 가족들은 여기에서 함께 식사를 한다. 방은 다시 식당으로 바뀌는 것이다. 뿐만 아니라 방은 가족들이 집안의 여러 일들을 의논하고 텔레비전을 보는 거실 역할을 하기도 한다. 이렇게 보면 방은 침실과 식당, 거실이라는 세 기능을 한꺼번에 소화하고 있는 것이다.

① 한옥은 침대 대신에 이불을 사용한다.
② 한옥은 방 하나가 여러 가지 기능을 한다.
③ 한옥은 방 안에 이불과 식탁과 텔레비전이 있다.
④ 한옥은 잠을 자던 공간에서 밥을 먹도록 만들어져 있다.

26. 다음 글에서 〈보기〉의 문장이 들어가기에 가장 적절한 곳을 고르십시오.

> 오래된 벽걸이 시계가 고장 나서 가까운 시계방에 맡겼다. (㉮) 특별한 추억이 있거나, 아주 비싸게 산 것은 아니지만 언제나 거실 벽에 걸려 출근 시간을 알려 주고 약속에 늦지 않도록 알려 주는 고마운 시계였다. (㉯) 그래서 쉽게 버리지 못하고 이사 갈 때도 함께 들고 왔다. 시계방 아저씨는 시계 내부를 고치고 뚜껑을 새것으로 바꾸더니 깨끗하게 닦아 주기까지 했다. 너무 고마웠다. (㉰) 그러나 아저씨는 물건을 소중히 하라는 뜻으로 고쳐준 거라면서 뚜껑 값만 달라고 했다. (㉱)

> 〈보기〉 하지만 한편으로는 배보다 배꼽이 더 클까 봐 수리비가 걱정되기 시작했다.

① ㉮ ② ㉯ ③ ㉰ ④ ㉱

※ [**27~28**] 다음 글을 읽고 물음에 답하십시오.

> 한국의 장례 풍습이 바뀌고 있다. 한국인은 전통적으로 돌아가신 분을 땅에 매장하는 것을 선호했지만 요즘 무덤으로 쓸 땅이 점점 부족해지면서 화장을 하는 비율이 늘고 있다. 그러나 아직도 많은 사람들이 매장하는 것을 선호한다. 한국인을 대상으로 한 2007년 설문 조사에서 "자신이나 배우자가 죽으면 화장하고 싶다."고 대답한 사람이 45%였지만 부모에 대해서 ㉠ <u>그래도</u> 좋다고 답한 사람은 12%로 그리 많지 않았다. 자신은 괜찮아도 부모는 좋은 곳에 매장하고 싶다는 것이다.

27. 이 글의 내용과 일치하는 것은?

① 한국인은 옛날부터 화장하는 것을 좋아했다.

② 돌아가신 분을 땅에 묻는 사람들의 수가 점점 늘고 있다.

③ 무덤으로 쓸 땅이 부족해지면서 한국인의 장례 풍습도 변하고 있다.

④ 대부분의 한국인은 부모님이 돌아가시면 화장을 하겠다고 대답했다.

28. ㉠이 구체적으로 무엇을 가리키는지 본문에서 찾아 알맞게 바꿔 쓰십시오.

( )

※ [**29~30**] 다음 글을 읽고 물음에 답하십시오.

(가) 조선의 전통 가구들이 한자리에 모였다. 서울 종로구 원서동 한국 불교 미술 박물관에서는 4일부터 다음달 25일까지 '북촌에서 만나는 조선 가구 특별전'을 한다. 이번 특별전에서는 조선 시대 반닫이, 장, 찬탁 등 비교적 부피가 큰 가구와 붓걸이, 고비, 필통 등 작은 전통 공예품까지 총 30여점의 작품이 전시된다.

(나) 박물관이 위치하고 있는 '북촌'은 창덕궁과 한옥 마을과 함께 다양한 전통 문화가 살아 숨 쉬는 곳이기 때문에 이번 전시는 북촌을 찾는 관람객들에게 다양한 전통 문화를 체험할 수 있는 기회도 될 것이다. 전시 기간 중인 6, 7월 토요일에는 초등학생 어린이를 대상으로 옛 조선 시대 사람들이 사용했던 필통과 보석함 만들기를 통해 조선 시대 문화를 ㉠ 직접 경험할 수 있는 프로그램을 실시한다. 교육 프로그램 참가 접수는 홈페이지(www.buddhistmuseum.co.kr)와 전화(02-766-6000)를 이용하면 된다.

29. 이 글에서 제시되지 않은 내용은 무엇입니까?

① 전시 장소 ② 전시회 입장료

③ 박물관이 위치한 지역 ④ 초등학교 교육 프로그램

30. ㉠과 바꿔 쓸 수 있는 표현을 (나)에서 찾아 알맞게 바꿔 쓰십시오.

( )

※ [**31~23**] 다음 글을 잘 읽고 질문에 답하시오.

> (가) 뜨거운 봄빛이 부담스러울 땐 ㉠ <u>산책도 하고 햇빛도 피할 겸</u> 도시 속 비밀 정원으로 가 보자. 서울에도 사람들이 즐겨 찾을 수 있는 정원이 곳곳에 숨어 있다. ㉮
>
> (나) 현재 남아 있는 비밀 정원 중 원래 모습이 가장 잘 보존돼 있는 곳은 '창덕궁'으로, 자연과의 조화가 뛰어나다는 점을 인정받아 1997년 유네스코 세계문화유산으로 등록되었다. ㉯ 창덕궁 안 후원은 조선 왕실의 대표적인 한국식 정원으로서 건축학적으로도 그 가치가 높다. ㉰ 옥류천 주변을 산책하면 몸도 건강해지고 자연 속에서 휴식도 취할 수 있어 일석이조다.
>
> (다) 매주 화요일~금요일 오전 10시부터 하루 3번 실시하는 옥류천 특별 관람 코스(~11월 30일, 참가비 5000원)를 이용하면 언어권별로 설명을 들을 수 있기 때문에 좀 더 제대로 둘러볼 수 있다. ㉱ 자유 관람은 매주 목·금요일에만 가능하다. 월요일은 휴궁. 입장료 어른 3000원, 어린이 1500원.

31. 다음 중 알맞은 설명을 고르십시오.
   ① 창덕궁에 가면 다른 나라 말로 설명을 들을 수 있다.
   ② 창덕궁은 전통과 현대가 조화를 이룬 궁궐로 유명하다.
   ③ 월요일에 창덕궁에 가면 입장료를 내지 않고 들어갈 수 있다.
   ④ 창덕궁은 현재 남아 있는 궁궐 중에서 가장 먼저 복원되어야 한다.

32. 다음 글이 들어갈 수 있는 있는 곳을 고르십시오.

> 또한 후원 북쪽 깊은 곳에는 옥류천이 숨어 있다. 옥류천은 인조 14년(1636년)에 커다란 바위 소요암을 깎아 만든 개울로, 맑은 물 흐르는 소리는 발을 저절로 멈추게 한다.

① ㉮　　② ㉯　　③ ㉰　　④ ㉱

33. ㉠과 관련 있는 사자성어를 고르십시오.
① 일석이조　　② 칠전팔기　　③ 새옹지마　　④ 설상가상

5 문학

확인해 봅시다!

읽기 I

어휘

명사
느낌표

동사
깨물다
터뜨리다
핥다

형용사
싱그럽다
아늑하다
짜릿하다
파랗다

문법

'ㅎ' 불규칙

읽기 II

어휘

명사
갈대
넥타이
머리카락
분
  십분의 일
색종이
시냇물
여인
잔디
제자리
파도
흙

동사
귓속말하다
내리다
눕다
뛰다
  가슴이 뛰다
멈추다
미워하다

형용사
낡다
산뜻하다
수수하다
이르다
  이른 아침
향기롭다
희끗희끗하다

부사
끔찍이

기타
몇몇
한두

문법

*(－기도 하고) －기도 하다
－게 하다
*－에다(가) ~
*－아/어/여하다

말하기 I : 비유 표현

사람 비유 표현

곰같이 둔하다
농구 선수처럼 키가 크다
바다처럼 마음이 넓다
여우같이 눈치가 빠르다
영화배우처럼 잘생기다
천사같이 마음이 착하다

관용적 비유 표현

귀신같이 알아맞히다
물 쓰듯이 쓰다
밥 먹듯이 하다
불을 보듯이 뻔하다
산더미같이 많다
얼굴이 백지장 같다

말하기 I

사람 비유 표현

가 [ ]에 알맞은 단어를 쓴 후 문장을 완성하십시오.

1. 내가 아는 사람 중에 [영화배우] 처럼 잘생긴 사람은 내 남자 친구이다.
2. 내가 아는 사람 중에 [ ] 같이 둔한 사람은 ____________.
3. 내가 아는 사람 중에 [ ] 같이 마음이 착한 사람은 ____________.
4. 내가 아는 사람 중에 [ ] 같이 키가 큰 사람은 ____________.
5. 내가 아는 사람 중에 [ ] 처럼 마음이 넓은 사람은 ____________.
6. 내가 아는 사람 중에 [ ] 처럼 눈치가 빠른 사람은 ____________.

나 비유적 표현을 사용해서 아는 사람을 소개하십시오.

1. 우리 어머니 은/는 시계 처럼 시간을 정확하게 지켜요. 항상 같은 시간에 식사를 하고 운동을 하세요.
2. ________ 은/는 ________ 같이 ____________.
3. ________ 은/는 ________ 같아요. ____________.

관용적 비유 표현

1. 요즘 일이 산더미같이 많아요. 그래서 요즘 매일 밤 11시가 넘어서 퇴근해요.

2. 창수는 거짓말을 자주 해요. 거짓말을 ____________.

3. 휴지는 아껴 써야 해요. 휴지를 그렇게 ________________ 안 돼요.

4. 영희 씨는 항상 늦잠을 자서 학교에 지각해요. 오늘도 지각할 것이 ________________.

5. 할머니는 날씨를 ________________. 그래서 가족들은 아침마다 할머니께 오늘의 날씨를 꼭 물어봐요.

6. 영희 씨가 어디가 아픈가 봐요. 얼굴이 ________________.

나 비유 표현을 사용해서 대화를 완성하십시오.

1. A: 오늘 퇴근 후에 만나서 한잔할까?
   B: 미안해. 요즘 할 일이 산더미같이 많아서 늦게 퇴근할 것 같아. 다음에 만나자 .

2. A: 김선우 씨는 자기가 옛날에 엄청난[1] 부자였다고 하더라. 차도 세 대나 있었대.
   B: 선우 씨 말은 믿지 마. ________________.

3. A: 너, 남자 친구하고 헤어졌지? 그래서 너 지금 기분이 안 좋은 거지?
   B: 맞아, 어떻게 알았어? ________________.

---

1) 엄청나다 　 형 생각보다 정도가 아주 심하다. 예 태풍으로 인해 엄청나게 많은 사람들이 다쳤다.

4. A: 아빠, 저 그 사람하고 결혼하고 싶어요. 가난하지만 성실하고 착한 사람이에요.
   B: 안 된다. 네가 그 사람과 결혼하면 ....

5. A: 앤디 씨가 요즘 ....
   B: 젊을 때 열심히 돈을 모아야 하는데 정말 걱정이다.

6. A: ....
   B: 별일 아니야. 그냥 좀 놀라서 그래. 괜찮아.

읽기 I·II 어휘

가 상황에 알맞은 단어를 골라 쓰십시오.

1. (짜릿하다)	2. ( )	3. ( )
• 내가 좋아하는 무서운 놀이 기구를 탈 때 • 좋아하는 사람과 첫 키스를 할 때	• 작지만 편안한 분위기의 카페 • 내가 어렸을 때부터 살았던 우리 집의 내 방에 누워 있을 때	• 여름에 나무의 초록색 잎을 볼 때 • 나무가 많은 숲에 갈 때
4. ( )	**5. ( )**	**6. ( )**
• 깨끗한 노란색, 초록색, 주황색과 같은 밝은 색 • 새로 페인트를 칠한[2] 벽의 색깔	• 화장을 하지 않은 여자의 얼굴 • 화려하지[3] 않은 옷	• 좋은 향수 냄새를 맡을 때 • 봄에 피는 꽃 냄새를 맡을 때

싱그럽다
✓ 짜릿하다
산뜻하다
아늑하다
향기롭다
수수하다

나 알맞은 단어를 고른 후 질문에 대한 대답을 쓰십시오.

1. 여러분은 오래 입어서 (낡은/늙은) 옷을 바로 버리는 편입니까?
   대답: 아니요, 유행이 돌아올 때까지 기다렸다가 다시 옛날 옷을 꺼내 입는 편입니다.

2. 여러분은 노란색이나 파란색같이 (산뜻한 / 점잖은) 색깔의 옷을 좋아합니까?
   대답: ....

---

2) 칠하다 — 동 물건의 겉에 어떤 액체나 물감을 바르다. 예 나는 의자에 하얀색 페인트를 칠했다.
3) 화려하다(華麗--) — 형 어떤 모양이나 모습이 눈에 띄게 아름답거나 잘 꾸며져 있다. 예 파티에 화려한 옷을 입은 사람들이 많이 왔다.

5

3. 여러분은 새벽 다섯 시같이 (늦은/이른) 아침에 일어나는 것을 좋아합니까?

대답: ....

4. 여러분은 비가 오는 날이면 (향기로운/냄새 나는) 커피를 마시고 싶어집니까?

대답: ....

5. 여러분은 다른 사람의 눈에 잘 띄지[4] 않는 (수수한/화려한) 옷을 좋아합니까?

대답: ....

다 알맞은 것을 고르십시오.

핥다	멈추다	✓귓속말하다	가슴이 뛰다

1. 여러 사람들 앞에서 다른 사람들은 듣지 못하게 옆 사람에게만 귓속말하는 것은 실례이다.

2. 나는 아이스크림을 깨물어 먹는 것보다 .... 먹는 것을 좋아한다.

3. 내가 짝사랑[5]하는 그 사람을 볼 때마다 긴장이 돼서 ....

4. 누가 나를 부르는 것 같아서 걸음을 .... 뒤를 돌아보았다.

라 조사를 넣은 후 알맞은 동사를 찾아 줄을 그으십시오.

1. 입술 [을] • - - - - - - - - - - - - - ㉠ 깨물면서 울음을 참았다

2. 사탕 [ ] •   ㉡ 누워서 TV를 보고 있다

3. 비 [ ] •   ㉢ 굉장히 많이 내리고 있다

4. 바닥 [ ] •   ㉣ 조심스럽게 핥아 먹었다

4) 띄다   동 (눈에) 보이다. 예 그는 다른 사람 눈에 띄지 않게 조용히 나갔다.

5) 짝사랑   명 남녀 사이에서 한 사람만 상대편을 사랑하는 것. 예 짝사랑은 너무나 힘든 일이다.

마 그림에 알맞은 단어를 골라 형태를 바꾸어 쓰십시오.

✓밟다	끓이다	점잖다	향기롭다	수수하다	산뜻하다	희끗희끗하다

1. 잔디를 (밟기)

2. (　　　　) 차 냄새

3. (　　　　) 얼굴

4. 노란색, 연두색, 분홍색 등 (　　　　) 색의 옷

5. 커피를 (　　　　) 냄새

6. (　　　　) 머리카락

7. 갈색, 회색 등 (　　　　) 색의 넥타이

5

바 마의 단어를 사용해서 '내가 좋아하는 것'이라는 주제로 짧은 글을 쓰십시오.

나는 차 마시는 것을 좋아한다. 특히 비 오는 날에 향기로운 차를 마시면서 음악을 듣는 것을 좋아한다.

읽기 I·II 문법

가 밑줄 친 부분과 비슷한 의미를 고르십시오.

1. <u>선생님이 떠드는 학생들을 조용히 하게 했다.</u>
   ① 선생님이 학생들을 조용히 하도록 만들었다
   ② 학생들이 선생님을 조용히 하도록 만들었다

2. 졸업을 한다고 생각하니 <u>기쁘기도 하고 슬프기도 하네요.</u>
   ① 기쁘지 않고 슬퍼요
   ② 기쁜 마음도 있고 슬픈 마음도 있네요

3. <u>빵에다가</u> 잼[6]을 발랐다.
   ① 빵에
   ② 빵으로

6) 잼(jam) 명 과일에 설탕을 넣고 끓여 만든, 빵이나 과자에 발라 먹는 음식. 예 과자에 잼을 발라 먹으면 맛있다.

'ㅎ' 불규칙

가 알맞은 형태를 쓰십시오.

형태 / 기본형	-(으)ㄴ	-(으)니까	-(으)면	-아/어/여요
하얗다	하얀	하야니까	하야면	하얘요
빨갛다			빨가면	
파랗다				파래요
이렇다				
그렇다				
저렇다				
어떻다				

나 알맞은 것을 골라 형태를 바꾸어 쓰십시오.

✓파랗다 하얗다 그렇다 저렇다 어떻다

1. A: 파란 하늘 좀 보세요.
   B: 정말 파랗네요. 파란 하늘에 ………… 구름이 정말 아름답네요.

2. A: 저 사람 보세요. 길에 침[7]을 뱉다니[8]…….
   B: 그러게 말이에요. ………… 사람은 경찰서에 가서 혼이 나야 해요.

3. A: ………… 색을 좋아하세요?
   B: 저는 빨간색을 좋아해요.

4. A: 밤새 눈이 왔네요.
   B: 그러게 말이에요. 정말 세상이 …………….

5. A: 남자들은 왜 …………?
   B: 뭐가 말이에요?
   A: 뭘 물어봐도 제대로 대답도 안 하고 그러잖아요.

* (-기도 하고) -기도 하다

가 알맞은 두 개의 표현을 골라 문장을 완성하십시오.

친구를 만나다 집안일을 하다 ✓섭섭하다
슬프다 ✓시원하다 앞날이 기대되다
화가 나다 무섭다

1. 20년 동안 일해 온 직장을 그만둔다고 생각하니까 시원하기도 하고 섭섭하기도 해요.

2. 나는 주말에 …………….

3. 이제 졸업하고 사회에 나간다고 생각하니까 …………….

4. 엄마에게 혼이 나서 …………….

나 질문에 대한 대답을 쓰십시오.

1. 여러분이 본 영화 중에 슬프기도 하고 웃기기도 한 영화는 무엇입니까?

   대답: 제가 본 영화 중에 '인생은 아름다워'라는 영화가 있어요. 그 영화는 전쟁이라는 슬픈 내용을 재미있게 표현해서 슬프기도 하고 웃기기도 했어요.

---

7) 침 　명 소화를 돕고 입 안이 마르지 않게 입 안에 생기는 물. 예 감기에 걸려서 침을 삼킬 때 목이 아프다.
8) 뱉다 　동 입 안에 있는 것을 입 밖으로 내보내다. 예 길에 침을 뱉지 말아라.

2. 여러분이 잘못을 했을 때 여러분한테 화를 내기도 하고 여러분을 달래기도[9] 하는 사람은 누구입니까?

대답: ……………………………………………………

……………………………………………………………….

3. 여러분이 아는 사람 중에 예쁘기도 하고 착하기도 한 사람은 누구입니까?

대답: ……………………………………………………

……………………………………………………………….

4. 슬프고 외로울[10] 때 전화하기도 하고 만나기도 하는 사람은 누구입니까?

대답: ……………………………………………………

……………………………………………………………….

-게 하다

가 질문에 대한 대답을 쓰십시오.

1. 여러분을 울게 한 말에는 어떤 것들이 있습니까?

고등학교 졸업식 때 친구가 "너를 만난 것이 고등학교 때의 가장 좋은 추억이야." 라고 했는데 그 말을 듣고 많이 울었어요.

2. 여러분이 부모님을 기쁘게 하는 말이 있습니까?

……………………………………………………………….

……………………………………………………………….

3. 여러분은 약속 시간에 늦어서 여러분을 기다리게 만든 사람에게 뭐라고 말하겠습니까?

……………………………………………………………….

……………………………………………………………….

나 알맞은 것을 고르십시오.

문법 · 단어 참고서 주의 p.66 사동사와의 비교 참고

1. 엄마나 아빠가 자꾸 아기를 안아서
✓① 재우면
② 자게 하면 버릇이 없어진다는 말이 있어요.

2. 외출을 하려고 자고 있는 아기에게
① 옷을 입혔어요.
② 옷을 입게 했어요.

3. 아이에게 "이제 너는 6살이니까 혼자서 옷 입을 수 있지? 빨리 옷 입어!"라고 말하면서
① 아이에게 옷을 입혔어요.
② 아이가 혼자서 옷을 입게 했어요.

4. 젓가락을 사용하면 머리가 좋아진대요. 그래서 우리 엄마는 내가 어렸을 때부터 젓가락으로 밥을
① 먹였어요.
② 먹게 했어요.

* -에다(가) ~

가 다음 그림을 '-에다가'를 사용해서 설명하십시오.

1. 휴지를 쓰레기통에다가 버리세요.

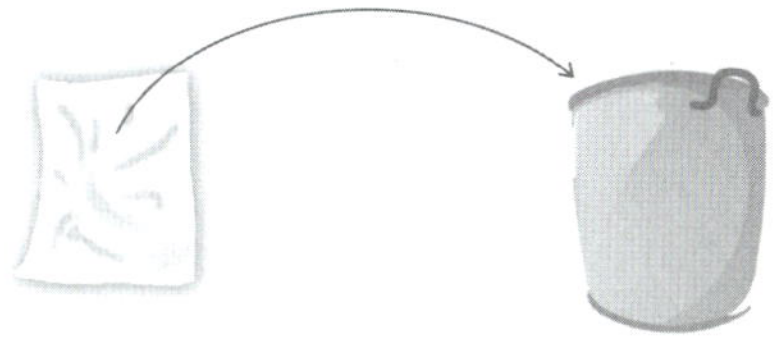

2. ……………………………………………………….

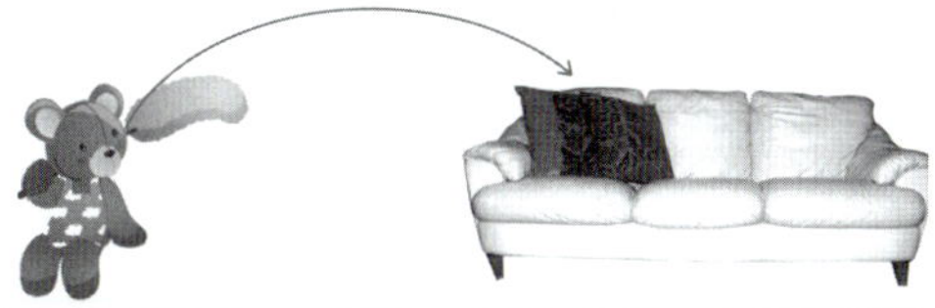

9) 달래다 동 화가 나 있거나 슬퍼하는 사람의 기분을 맞추어 주다. 예 과자를 주면서 우는 딸을 달랬다.
10) 외롭다 형 혼자 있거나 의지할 곳이 없어서 쓸쓸하다. 예 친한 친구가 자기 나라로 돌아가고 난 후 너무 외로워서 매일 술을 마셨다.

3. ....

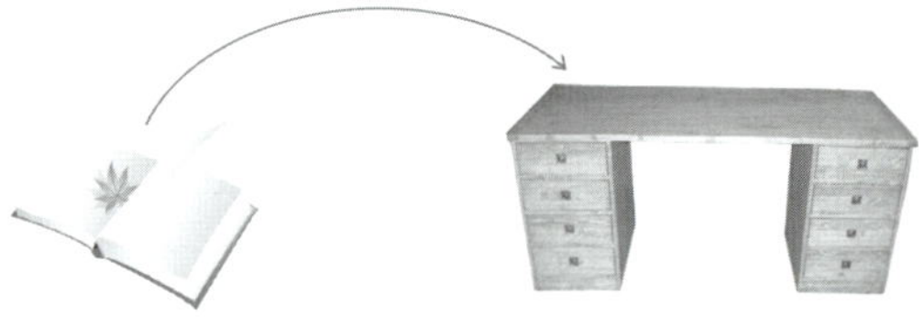

4. ....

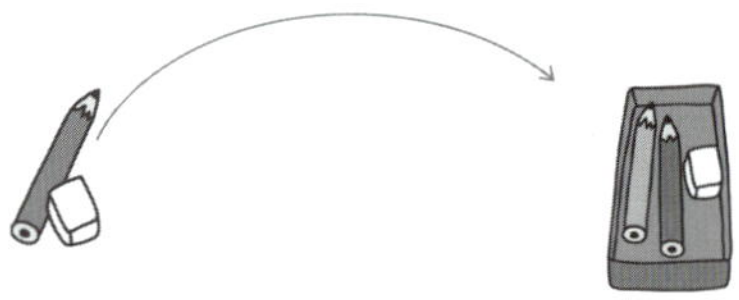

나 '–에다가'가 맞게 쓰였으면 O, 틀리게 쓰였으면 X 한 후 맞게 고치십시오.

1. 학교<u>에다가</u> 있는 시설은 아껴서 사용해야 한다.
   (X → 에)
2. 휴지는 꼭 휴지통<u>에다가</u> 버려야 한다.
   (   )
3. 물건을 쓴 다음에 제자리<u>에다가</u> 놓으세요.
   (   )
4. 다른 사람의 말<u>에다가</u> 상처를 받은 적이 있다.
   (   )
5. 벽<u>에다가</u> 액자를 걸었다[11].
   (   )

* –아/어/여하다

가 '–아/어/여하다'의 형태로 바꿔 쓰십시오.

1. 예쁘다 – 예뻐하다	2. 밉다 –
3. 귀엽다 –	4. 귀찮다[12] –
5. 즐겁다 –	6. 부럽다 –
7. 외롭다 –	8. 어렵다 –

나 알맞은 조사와 단어를 골라 문장을 완성하십시오.

1. 앤디 씨는 미나 씨 를 (좋다/좋아한다).
   그러나 미나 씨는 앤디 씨.......... (싫다/싫어한다).
2. 우리 선생님은 숙제를 안 해 오는 사람.......... 제일 (미우시다/미워하신다). 그래서 숙제를 해 오지 않은 학생은 선생님을 만나는 것.......... (무섭다/무서워한다).
3. 강아지.......... 제일 (예쁜/예뻐하는) 사람은 우리 엄마이다.
4. 친구들은 돈이 많은 우리 집.......... (부럽지만/부러워하지만) 나는 따뜻하고 사랑이 있는 가정[13]을 부러워한다.

조사

가 알맞은 조사를 골라 문장을 완성하십시오.

✓–의　　　–을/를　　　–에다

1. 나의 마지막 십분[의] 일이라도 남겨서 자유와 여유를 즐길 수 있는 생활[   ] 하고 싶다.
2. 다른 사람 없는 방 안에서 내 귀[   ] 귓속말하는 내 딸 서영이[   ] 말소리[   ] 좋아한다.

---

11) 걸다　동 벽이나 못 등에 어떤 것을 떨어지지 않게 올려놓다. 예 나는 옷을 벗어 옷걸이에 걸었다.
12) 귀찮다 [귀찬타]　형 (무엇이)마음에 들지 않고 괴롭고 하기 싫다. 예 요즘엔 공부도 하기 싫고 친구하고 만나는 것도 귀찮다.
13) 가정(家庭)　명 한 집에서 함께 생활하는 사람들이 이루는 집단. 예 행복한 가정에서 자라야 아이도 잘 큰다.

나 각 문장에 쓰인 '-(이)나'의 의미를 찾아 줄을 그으십시오.

1. 손님이 몇 명이나 오세요? •
2. 집에서 텔레비전이나 보자. •
3. 미국이나 프랑스에 가고 싶어요. •
4. 그는 무엇이나 할 줄 알아요. •
5. 친구를 삼십 분이나 기다렸어요. •

• ㉠ 이것 또는 그것
• ㉡ 별로 마음에 들지 않지만 이것을 선택한다는 뜻
• ㉢ 어느 정도의 수나 양인지 알려 달라는 뜻
• ㉣ 예상했던 것보다 많은 수나 양
• ㉤ 모두

다 각 문장에 쓰인 '-(이)나'의 의미를 나의 ㉠~㉤에서 골라 쓰십시오.

1. 모델이 되겠다는 그의 말에 모두가 불가능하다고 했지만 어떤 것도 세계 무대를 향한 그의 열정을 막을 수는 없었다. 그는 몸무게를 60kg이나 빼고 세계적인 패션모델이 되기 위해 프랑스로 떠났다.(5A 1과) → (㉣)
2. 그 외에도 생활사 박물관이나 미술 작품을 전시한 갤러리 등 볼 만한 장소가 많습니다.(5A 2과) → (　　)
3. 내 책들은 언제나 제자리에 있을 수 있고 앞으로 오랫동안 이 집에서 살면 집을 몰라서 놀러 오지 못할 친구는 없을 것이다.(5A 5과) → (　　)
4. 스파게티를 먹고 싶은데 같이 갈 사람이 없으니 라면이나 끓여 먹어야겠다. → (　　)
5. 하루에 커피를 몇 잔이나 드세요? → (　　)

TIP '-(이)나'의 여러 가지 의미

① 명 + -(이)나 + 명
'이것 또는 그것'의 뜻.
예 그곳에는 택시나 버스로 갈 수 있어요.

② 별로 마음에 들지 않지만 이것을 선택한다는 뜻.
예 할 일이 없으니까 잠이나 자야겠다.

③ 몇 + 명, 사람, 개, 잔 등 + -(이)나
어느 정도의 수나 양인지 알려 달라는 의미.
예 파티에 사람들이 몇 명이나 왔어요?

④ 예상했던 것보다 수나 양이 많을 때 사용.
예 어제 회의를 5시간이나 했어요.

⑤ 의문사(누구나 / 언제나 / 무엇이나) + -(이)나
'모두'의 뜻.
예 네가 우리 집에 온다면 언제나 환영이다.

5

정리

가 알맞은 것을 골라 대화를 완성하십시오.

-게 하다	-에다	제자리	수수하다	희끗희끗하다	✔십분의 일	끔찍이

A: 영희 씨, 피천득 씨의 '나의 사랑하는 생활'이라는 수필을 아세요?

B: 네, 그럼요. 제가 좋아하는 수필이에요. 철수 씨는 어때요?

A: 저도 아주 좋아하는 수필이에요. 특히 자신의 시간과 힘을 다 팔아 버리지 않고 1. 십분의 일(이)라도 남겨서 자유와 여유를 즐기는 생활을 하고 싶다는 부분이 마음에 들었어요.

B: 아, 저도 생활하면서 그런 생각을 많이 해요. 저는 늙어가는 학자의 2. .... 머리카락을 좋아한다는 부분이 재미있었어요. 혹시 피천득 씨 자신의 모습이 아니었을까요? 또 좋아하는 부분은 없나요?

A: 네, 좋아하는 얼굴에 대해서 나온 부분인데요. 요즘 보통 사람들은 화려한 얼굴을 좋아하는데 3. .... 얼굴을 좋아한다는 부분이 마음에 들었어요.

B: 그랬군요. 저는 좋아하는 소리에 대해서 나온 부분이 마음에 드는데요. '골목을 지날 때 발을 멈추고 한참이나 4. (서 있다) .... 피아노 소리'라는 표현이 좋았어요. 아, 그리고 피천득 씨의 따님인 서영인가? 그런 내용이 있었던 것 같은데…….

A: 맞아요. 피천득 씨는 자신의 귀5. .... 귓속말하는 서영이의 소리가 듣기 좋다고 했지요. 그리고 자신의 집의 좋은 점에 대해 말한 부분도 좋아요. 자신의 책들이 언제나 6. .... 에 있고 친구들이 잘 찾아올 수 있어서 좋다고 했지요.

B: 그리고 저는 맨 마지막 부분이 가장 기억에 남아요. 여러 사람을 좋아하며 아무도 미워하지 않으며 몇몇 사람을 7. .... 사랑하며 살고 싶다는 부분에서 많은 평범한 사람들이 가지는 생각이 잘 표현되어 있는 것 같아요.

6 한국인의 대화법

확인해 봅시다!

읽기 Ⅰ

어휘

명사
- 경향
- 논리적
- 대상
  - 600명을 대상으로
- 바탕
  - 인간관계를 바탕으로
- 소극적
- 신념
- 응답자
- 칭찬
  - 칭찬하다
- 횟수

동사
- 아부하다
- 양보하다
- 주장하다
- 중시하다
- 참여하다

형용사
- 무뚝뚝하다
- 분명하다
- 불분명하다

부사
- 이왕이면
- 즉
- 즉시

기타
- 모
  - 모 회사

문법
- *-(으)ㄴ/는가 ~
- *-는 김에 ~

읽기 Ⅱ

어휘

명사
- 갈등
  - 갈등을 겪다
  - 갈등이 생기다
- 기색
- 말끝
  - 말끝마다
- 말투
- 맞장구
  - 맞장구를 치다
- 사회학자
- 신경질
  - 신경질적
- 실험
- 원인
- 의도
- 의사소통

동사
- 기울이다
  - 주의를 기울이다
- 끄덕이다
  - 고개를 끄덕이다
- 끊다
  - 말을 끊다
- 녹음하다
- 늘어놓다
  - 이야기를 늘어놓다
- 동의하다
- 반복하다
- 살피다
- 의식하다
- 일어나다
  - 싸움이 일어나다

형용사
- 예민하다

부사
- 간절히
  - 간절히 원하다
- 곰곰이
  - 곰곰이 생각하다
- 일단
- 적당히

기타
- 비-
  - 비언어적

문법
- -냐
- -(으)ㄴ/는데 말이다
- -(으)ㄹ지라도 ~
- -(으)로 ~

말하기 Ⅰ : 한국인의 대화법

칭찬하고 칭찬에 대답하기

〈감사 표시할 때〉
- 고마워요

〈겸손하게 이야기할 때〉
- -긴요, 별로 ~

〈상대방을 칭찬할 때〉
- -씨가 더 -(으)ㄴ/는데요
- -씨가 더 -네요

기억 안 나는 내용 이야기하기
- -더라?
- 뭐였는지 기억이 잘 안 나는데요
- 생각이 잘 안 나는데요
- 뭐지?
- 음……

맞장구치기

〈상대방의 의견에 동의할 때〉
- 맞아요, 맞아요
- 그러게 말이에요/그러게요
- 내 말이 그 말이에요

〈상대방의 말 때문에 새로운 사실을 알았을 때〉
- 그래요?
- 아, 네. 그렇군요
- 그럴 수도 있겠네요
- 하긴

〈상대방의 의견에 감탄할 때〉
- 아……아……
- 역시

〈상대방의 말을 비슷하게 따라하면서 맞장구칠 때〉
- -겠어요
- -겠네요
- -겠군요

화제 전환하기

〈부드럽게 이야기를 전환할 때〉
- 그렇군요, 그런데 ~/그렇구나, 그런데 ~
- 그렇긴 그런데 ~/그렇긴 한데 ~

〈직접적으로 이야기를 전환할 때〉
- 어쨌든 ~
- 그건 그렇고 ~
- 잠깐만요

말하기 I

가 알맞은 것을 골라 쓰십시오.

뭐더라	그렇구나
✓맛있긴요	맞아요, 맞아.

1. A: 오늘 저녁 식사 너무 맛있었습니다. 정말 감사합니다.
   B: 맛있긴요, 준비한 것도 없는데 맛있게 드셔 주셔서 오히려 제가 더 감사하지요.

2. A: 오늘 제가 약속한 장소에 같이 못 가겠어요. 갑자기 급한 일이 생겨서요.
   B: ...., 그래도 미리 약속을 한 거니까 오늘 잠깐이라도 만나는 게 어때요?

3. A: '중시하다'가 무슨 뜻인지 아세요?
   B: '중시하다'요? 그 뜻이 ....? 기억이 잘 안 나는데…….

4. A: 사는 것이 너무 어렵지 않아요? 회사 생활도, 인간관계도…….
   B: .... 저도 요즘 사는 게 힘들어 죽겠어요.

나 대화를 순서대로 쓰십시오.

1.
① 민수 씨는 성격이 너무 급하지 않아?
② 하긴 들어 보니까 그 말도 맞네.
③ 왜 그런 생각이 들었는데?
④ 기다리는 것도 싫어하고 말도 너무 빠르잖아. 어제도 바쁘다면서 밥을 오 분만에 먹고 나가 버리더라고.
⑤ 그런 면도 있지만 그래도 성격이 급하니까 일을 시원스럽게[1] 빨리 끝내잖아.

(①) - (   ) - (   ) - (   ) - (   )

2.
① 저도 그렇게 생각했는데……. 그런데 과장님이나 부장님은 왜 김 대리를 불러서 혼내지 않으신대요?
② 자기 일을 자꾸 다른 사람한테 미루고, 자기가 모든 일을 다 하는 것처럼 말만 많잖아요.
③ 김 대리 정말 마음에 안 들어요.
④ 왜요?
⑤ 내 말이 그 말이에요. 도대체 왜 혼을 안 내시는지……, 정말 화가 난다니까요.

(③) - (   ) - (   ) - (   ) - (   )

3.
① 선생님, '-(으)면서'와 '-아/어/여서'의 차이는 뭐예요?
② 네. 설명해 주셔서 고맙습니다.
③ '-(으)면서'는 어떤 행동을 같이 할 때 사용하는 문법이고, '-아/어/여서'는 앞의 행동을 한 다음에 그 장소에서 뒤의 행동을 할 때 사용하는 문법이에요.
④ 아…… 아……, 그렇구나.
⑤ 이제 좀 이해가 돼요?

(①) - (   ) - (   ) - (   ) - (   )

다 대화를 완성하십시오.

1. -긴요
   A: 오늘 식사 아주 맛있었어요. 준비하시느라 아주 힘드셨죠?
   B: ....

1) 시원스럽다　　형 말이나 행동이 활발하고 시원하다. 예 그는 성격도 적극적이고 말도 시원스럽게 한다.

2. 하긴

A: 우리 쓰기 숙제가 너무 많지 않니?

B: ....

....

A: 하긴, 네 말도 맞다.

라 적당한 표현을 골라 대화를 완성하십시오.

1.

그러게 말이에요
그럴 수도 있겠네요
-겠어요

A: 우리 사장님은 왜 그러시는지 모르겠어요.
사장님 때문에 너무 짜증나요.

B: ....

....

A: ....

....

2.

그렇군요, 그런데
그렇긴 한데
그건 그렇고

A: 우리 나라 결혼식은요, 한국하고 비슷한 점도
있지만 다른 점이 더 많아요. 비슷한 점은요…….

....

....

B: ....

....

읽기 I·II 어휘

가 알맞은 것을 고르십시오.

1. 다른 사람의 잘못에 대해 너무 (논리적으로 / 소극적으로) 따지면 듣는 사람이 당황할 수 있다.

2. 우리 남편은 너무 (부드러워서 / 무뚝뚝해서) 결혼한 다음에 7년 동안 나한테 한 번도 사랑한다는 말을 하지 않았다.

3. 나는 차를 타면 보통 노인이나 아이에게 자리를 (주장하는 / 양보하는) 편이다.

4. 우리 엄마는 나만 만나면 요즘 있었던 일을 몇 시간 동안 (늘어놓는다 / 일어난다).

나 알맞게 결합되지 않은 것을 고르십시오.

1. 받다
① 벌을 받다　　② 갈등을 받다
③ 칭찬을 받다　　④ 대접을 받다

2. 겪다
① 고통을 겪다　　② 갈등을 겪다
③ 큰일을 겪다　　④ 대접을 겪다

3. -이다
① 소극적이다　　② 논리적이다
③ 신경질적이다　　④ 무뚝뚝이다

4. -하다
① 참여하다　　② 중시하다
③ 양보하다　　④ 맞장구하다

5. -하다
① 분명하다　　② 흥미하다
③ 불분명하다　　④ 예민하다

6

다 알맞은 단어를 골라 형태를 바꾸어 쓰십시오.

동의하다 　 아부하다 　 존중하다 　 ✓칭찬하다

1. 아이의 나쁜 행동을 꾸중하는 것보다 잘한 행동을 칭찬하는 부모가 되어야 한다.

2. 아랫사람의 의견을 .... 사람만이 아랫사람의 존경을 얻을 수 있다.

3. 이 의견에 .... 사람은 가만히 계시고, 반대하는 사람만 손을 들어 주세요.

4. 상사가 한 일은 무조건 훌륭하고 잘했다고 .... 말고, 잘못한 일은 잘못했다고 말하세요.

라 알맞은 동사를 골라 형태를 바꾸어 쓰십시오.

되다 　 생기다 　 ✓겪다 　 주다 　 받다

1. 갈등
   1) 부모님과 갈등 을 겪을 때는 내가 먼저 마음을 열고 부모님께 다가가 보세요.
   2) 아버지와 저 사이에 갈등 이 .... 된 이유는 아버지의 무서운 말투 때문이었습니다.

2. 상처
   1) 너의 말이 나에게는 상처[2) 가 ....
   2) 말을 할 때는 다른 사람에게 상처 를 .... 않도록 조심하여야 합니다.
   3) 저는 성격이 예민해서 다른 사람과 이야기할 때 상처 를 쉽게 ....

마 다음 단어를 사용해서 예문을 만드십시오.

1. 간절히

   예문) • 아내 분은 남편과의 대화를 간절히 원하고 있군요.
   • 어머니의 병이 낫기를 간절히 기도하고 있습니다.

2. 이왕이면

   예문) • 잘한 일이 있으면 '나중에 칭찬하지, 뭐.' 이렇게 생각하지 말고, 그 즉시 칭찬하자. 그리고 칭찬하는 김에 이왕이면 미소도 한번 지어 주는 것은 어떨까?
   • ....
   ....

3. 일단

   예문) • 아내의 말에 모두 동의하지 못할지라도 일단 열심히 들어주세요.
   • ....
   ....

4. 즉

   예문) • 말을 잘하는 사람들은 말의 내용보다는 두 사람의 관계를 먼저 생각한다. 즉 자신의 의견만을 주장하기보다는 내가 하는 말이 앞으로 두 사람의 관계에 얼마나 도움이 될 것인가를 먼저 생각하며 행동하는 것이다.
   • ....
   ....

---

2) 상처(傷處) 　 명 ① 몸을 다쳐서 부상을 입은 자리. ② 괴로운 일을 당해 마음이 아픈 것.
예 ① 피가 나는 상처에 약을 바르고 붕대를 감았다. ② 그 사람의 말은 나에게 상처를 주었다.

바 다음 단어를 사용해서 '나의 인간관계와 대화법'이라는 주제로 짧은 글을 쓰십시오.

✓주장하다	분명하다	칭찬	양보하다
아부하다	맞장구를 치다		동의하다

나는 내 주장을 강하게 말하지 못하는 편이다.

읽기 I·II 문법

가 밑줄 친 부분과 비슷한 의미를 고르십시오.

1. 이것이 좋은 선택인가에 대해 논의 중이다.
   ① 선택이라고
   ✓② 선택인지에 대해

2. 슈퍼에 야채를 사러 간 김에 내일 먹을 빵까지 샀어요.
   ① 갔지만
   ② 가서 동시에

3. 수업도 안 끝났는데 어디에 가는 거냐?
   ① 가?
   ② 가십니까?

4. 선생님: 라나 씨, 어디 갔어요?
   학 생: 조금 전에 집에 갔어요.
   선생님: 수업도 아직 다 끝나지 않았는데 말이에요?
   ① 않았는데 갔어요?
   ② 않았다고 말했어요?

5. 아무리 머리가 좋고 똑똑할지라도 노력 없이는 성공할 수 없다.
   ① 똑똑하더라도
   ② 똑똑하기 때문에

6. 겉모습[3]만으로 사람을 평가하면 안 된다.
   ① 겉모습은커녕
   ② 겉모습만을 가지고

6

3) 겉모습 명 겉으로 보이는 모습. 예 그의 겉모습은 이상해 보였지만 말을 해 보니 아주 똑똑하고 멋있는 사람이었다.

* -(으)ㄴ/는가 ~

가 한 문장으로 연결하십시오.

1. 우리 반 학생들이 환경 문제는 왜 일어날까? / 생각하다

→ 우리 반 학생들이 환경 문제는 왜 일어나는가에 대하여 생각하고 있다.

2. 사람들이 죽은 후에 어디로 가요? / 궁금하다

→ ______________________________.

3. 아들이 요즘 어떤 일을 해야 행복해요? / 고민하다

→ ______________________________.

4. 이번 회의에서는 한국의 사회 제도는 합리적[4]이에요? / 토론하다

→ ______________________________.

5. 내일 죽는다면 무엇을 할 거예요? / 생각하다

→ ______________________________.

나 '-(으)ㄴ/는가'를 사용해서 문장을 완성하십시오.

1. 환경 문제의 원인은 무엇인가 에 대해 생각해 봅시다.

2. ______________________________가 궁금하다.

3. ______________________________에 대하여 논의해 봅시다.

4) 합리적 (合理的) 명 이론이나 이치에 맞는 것. 예 그는 일을 합리적으로 진행한다.

* **-는 김에 ~**

가 대화를 완성하십시오.

1. A: 이제 집에 돌아갈까요?
   B: 싫어요. 오랜만에 외출한 건데, 외출한 김에 저녁 먹고 영화도 보고 들어갑시다.

2. A: 오늘 시내에 나갈까요?
   B: 좋아요. .... 영화도 한 편 봐요.

3. A: 제가 커피 사 올게요.
   B: 아니에요. 어차피 지금 우체국에 가려고 했으니까 .... 커피도 사 오면 되거든요.

4. A: 어제 쇼핑 잘했어요?
   B: 네. 겨울옷만 사려고 갔는데 .... 신발하고 모자도 하나씩 샀어요.

나 '-는 김에'를 사용해서 친구에게 부탁하는 대화를 만드십시오.

1. (가게에 가는 친구에게 볼펜을 사다 달라고 할 때)
   A: 여기 앞에 가게에 가지? 가게에 가는 김에 미안하지만 볼펜도 하나 사다 줄래?
   B: 그래. 알았어.

2. (백화점에 가는 친구에게 내 물건도 사다 달라고 할 때)
   A: ....
   B: ....

3. (도서관에 가는 친구에게 빌린 책 좀 반납해 달라고 부탁할 때)
   A: ....
   B: ....

-냐?

가 다음은 여자 친구가 남자 친구에게 쓴 편지입니다. 알맞지 않은 표현을 고른 후 고치십시오.

> 준이 오빠
>
> 어제 약속 시간에 늦은 것은 ① <u>미안해</u>. 하지만 내가 계속 사과를 했는데도 화를 내고 대답도 안 하고, 결국에는 그냥 집에 가 버려서 너무 섭섭했어. 전화도 안 받고 말이야. 무슨 일 ② <u>있냐</u>? 혹시 내가 싫어졌어?
>
> 오늘까지 연락이 안 되면 너무 슬플 것 ③ <u>같아</u>. 메시지 보는 대로 바로 연락 ④ <u>줘</u>.
>
> 호정

-(으)ㄴ/는데 말이다

가 주어진 표현을 사용해서 대화를 완성하십시오.

1. A: 어머니께서 조금 전에 퇴원하셨어요.[5)]
   B: (병이 다 낫지도 않았다)
   병이 다 낫지도 않았는데 말이에요?

2. A: 오늘 우리 반이 야외 수업을 한대요.
   B: (비가 오고 흐리다)
   ....?

5) 퇴원하다(退院--) 동 일정 기간 동안 병원에 있다가 병원에서 나오다. 예 그 환자는 수술 결과가 좋아서 다음 주에 퇴원할 예정입니다.

6

3. A: 밖에 나가서 같이 산책할까요?
B: (이렇게 늦었다)

....?

4. A: 여기 지하철 안에서 지금 당장 저를 사랑한다고 큰 소리로 말해 보세요.
B: (이렇게 사람들이 많다)

....?

-(으)ㄹ지라도 ~

가 한 문장으로 연결하십시오.

1. 아무리 화가 나다 / 상대방에게 나쁜 욕을 해서는 안 된다.
→ 아무리 화가 날지라도 상대방에게 나쁜 욕을 해서는 안 된다.

2. 삶이 그대[6]를 속이다 / 슬퍼하거나 노하지[7] 말라.
→ ....
....

3. 내일이 세상의 마지막이 되다 / 오늘은 오늘 해야 할 일을 해야 한다.
→ ....
....

4. 아무리 좋은 내용이다 / 기분 나쁜 표정으로 이야기하면 듣는 사람들은 나쁜 말로 받아들인다.
→ ....
....

-(으)로 ~

가 공통으로 들어가는 조사를 쓰십시오.

- 점심을 먹고 바로 공항[   ] 출발해야지 비행기를 탈 수 있을 것이다.
- 좋은 재료[   ] 음식을 만들면 맛이 없을 수가 없다.
- 허락하시면 이제부터 당신을 나의 선생님[   ] 삼겠습니다.
- 이곳은 예전부터 경치가 아름다운 곳[   ] 유명한 곳이다.
- 집에 가면 외출복을 벗고 편한 옷[   ] 갈아입는다.

나 다음은 1과부터 5과까지 배운 문장입니다. '-(으)로'의 의미를 고르십시오.

㉠ -쪽으로, 방향으로	㉡ 방법, 재료
✓㉢ 자격, 신분, 명성	㉣ 원인, 이유
㉤ 변화	

1. 안철수 씨는 돈을 버는 것에는 별로 관심이 없는 것 같은데 어떻게 사업가로 성공할 수 있었을까? (5A 1과) → (㉢)

2. 아침부터 가족들 모두 함 받을 준비로 바빴다. (5A 3과) → (   )

3. 나와 대현 씨는 한복으로 갈아입고 긴장되면서 설레는 마음으로 함을 가지고 올 대현 씨 친구들을 기다렸다. (5A 3과) → (   )

---

6) 그대 — 명 주로 글에서, 상대방을 친하게 부르는 말. 예 그대를 기다리며 나는 오늘도 이 자리에 서 있습니다.
7) 노하다(怒--) — 동 '화가 나다' 또는 '화를 내다'를 점잖게 나타낸 말. 예 할아버지께서 크게 노하셨다.

4. 지난 주말에는 친한 친구까지 미국으로 돌아갔어. (5A 4과) → (　　)

5. 나무로 짓지 못하고 흙으로 지은 집이지만 내 집이니까 좋아한다. (5A 5과) → (　　)

조사

가 알맞은 조사를 골라 문장을 완성하십시오.

-와/과	✓-보다	-을/를	-의

1. 사람들은 대화할 때 말의 내용 [보다] 목소리나 태도 [　] 더 중시한다.

2. 딱딱한 얼굴 표정 [　] 웃는 얼굴 표정 [　] 느낌이 어떻게 다른지 비교해 보세요.

나 공통으로 들어가는 조사를 골라 쓰십시오.

✓-만으로	-보다는	-에만

1.
- 사람들은 언어만으로 의사소통을 하는 것이 아닙니다.
- 사랑만으로 결혼해서 살 수 있을까요?

2.
- 실험 결과에 따르면 사람들은 대화할 때 말의 내용........ 목소리나 태도와 같은 비언어적인 정보를 훨씬 더 중시한다고 합니다.
- 사람들은 대부분 자신이 어떤 태도로 이야기하는지를 의식하지 못하는 경우가 많습니다. 태도........ 말의 내용에 관심을 두기 때문입니다.

3.
- 아무 말 안 하셔도 좋아요. 그냥 제 옆........ 있어 주세요.
- 다른 사람에게는 안 그러시면서 왜 제 말........ 그렇게 예민하세요?

TIP

조사는 다른 조사와 결합하여 사용되는 경우가 많다.

예 -만: -만은, -만을, -만으로
-보다: -보다는, 보다도
-에: -에는, -에도, -에보다, -에만, -에부터, -에조차, -에까지

그러나 조사 '-도'는 '-이/가, -을/를'과 겹쳐 쓰지 않는다.

예
- 오늘 선생님뿐 아니라 학생들도 많이 왔다. (학생이도 X)
- 나는 바나나를 먹고 사과도 먹었다. (사과를도 X)

6

정리

가 알맞은 것을 골라 대화를 완성하십시오.

-(으)ㄴ/는가	-(으)ㄹ지라도	기울이다	동의하다	예민하다	✔칭찬	갈등

A: 저는 다른 사람이 하는 말에 너무 쉽게 상처를 받아요. 농담[8]으로 하는 '뚱뚱하다, 못생겼다[9]' 는 말을 들으면 앞에서는 웃지만 집에 가서 혼자 괴로워합니다. '예쁘다, 일을 잘한다' 는 **1.** 칭찬 을/를 들어도 진짜가 아니라 거짓말인 것 같고요. 제가 왜 이럴까요?

B: 다른 사람의 말을 너무 **2.** .... 받아들이기 때문입니다. 자신을 사랑하는 마음이나 자신감이 부족한 사람에게 그런 행동이 나타나는 경우가 많은데요, 자기 자신을 있는 그대로 사랑하고

3. (있다) .... 을/를 솔직하게 생각해 볼 필요가 있습니다.

A: 제 자신을 사랑하고 있지 않은 것 같다는 말씀에는 **4.** .... 그렇지만 다른 사람의 말을 무조건 무시하고 제 생각만 가지고 살 수는 없잖아요?

B: 물론 다른 사람의 말 중에 내가 고쳐야 하는 부분이 있다면 받아들여야겠지요. 하지만 제가 이야기하고 싶은 것은 사람들은 보통 특별한 생각 없이 말을 하는 경우가 많다는 것입니다. 그러니까 중요하지 않은 말에는 크게 주의를 **5.** .... 않아도 됩니다. 오히려 모든 말을 너무 예민하게 생각하면 사람들과 **6.** .... 이/가 생길 수도 있습니다.

A: 알겠어요. 노력해 보겠습니다. 하지만 좀 힘들 것 같아요.

B: 물론 처음에는 좀 힘들겠지요. 그러나 처음에는 좀 **7.** (힘들다) .... 계속 노력하다 보면 조금씩 좋아지실 겁니다. 힘내십시오.

---

8) 농담(弄談) 명 장난으로 하는 말. 예 내가 진지하게 이야기하는데도 모두 농담으로 받아들이니 답답하다.

9) 못생기다 형 외모가 보통보다 못하다. 예 나는 다리가 못생겨서 치마를 입지 않는다.

7 성공적인 삶

확인해 봅시다!

읽기 I

어휘

명사
- 기회
- 독서광
- 두각
  - 두각을 나타내다
- 두려움
- 리더
- 머리말
- 목차
- 부정적
- 손해
- 숫자
- 시각
  - 시각을 넓히다
- 위기
- 진심
- 진정
- 최대한

동사
- 갇히다
- 개발하다
- 존중하다
- 채우다

형용사
- 머지않다
- 불과하다

부사
- 아낌없이
- 오히려

문법
- -(으)로부터 ~
- *-든(지) ~
- *-아/어/여다 ~

읽기 II

어휘

명사
- 그라운드
- 분석
- 비중
  - 비중을 두다
- 성과
- 스스로
- 요인
  - 장애 요인
- 장애
- 직관
- 필자
- 활용

동사
- 기울이다
  - 귀를 기울이다
- 몰입하다
- 묻다
  - 뼈를 묻겠다는 각오로
- 발휘하다
- 삼다
  - 직업으로 삼다
- 악물다
  - 이를 악물다
- 애쓰다

형용사
- 낯설다
- 엄청나다

문법
- -듯이 ~
- *-(으)ㄹ 수밖에 없다

말하기 I : 주장하기

생각 말하기
- 제 생각에(는) ~
- 제가 생각하기에(는) ~

주장의 근거 말하기
- -이/가 중요하다고 생각하는 이유는 ~
- -은/는 -다는 점에서 중요하다고 생각하다

인용하기
- (옛말에) -다는 말이 있다
- -은/는 -다는 말을 했다

일반적인 법칙 말하기
- -게 마련이다
- -(으)ㄴ/는 법이다

경험 말하기
- 제 경험에 비추어 볼 때 ~
- 제 경험으로 볼 때 ~

강조하기
- -(이)야말로 ~
- 그렇지 않습니까?
- -다고 생각하지 않으십니까?

주장 요약하기
- 지금까지 내용을 한마디로 요약하면 -다는 것이다
- 지금까지 이야기를 종합하면 -다는 것이다

말하기 I

(옛말에) -다는 말이 있다 인용하기

가 다음 표현을 사용해서 옛말을 인용하십시오. 그리고 그 의미도 설명하십시오.

1. 속담: 고생 끝에 낙이 온다.
(의미 힘들어도 열심히 노력하면 나중에 좋은 결과가 있다.)
→ 옛말에 고생 끝에 낙이 온다는 말이 있어요. 이 말은 힘들어도 열심히 노력하면 나중에 좋은 결과가 있다는 뜻이에요.

2. 속담: 그림의 떡이다.
(의미 좋은 것이 가까이 있어도 가질 수 없다.)
→ ....
....

3. 속담:
→ ....
....

-은/는 -다는 말을 했다 인용하기

가 다음 표현을 사용해서 유명한 사람의 말을 인용하십시오. 그리고 그 의미도 설명하십시오.

1. 나폴레옹 "내 사전에 불가능은 없다."
(의미 노력하는 사람에게 가능성이 열려 있다.)
→ 나폴레옹은 내 사전에 불가능은 없다는 말을 했어요. 이 말은 노력하는 사람에게 가능성이 열려 있다는 의미에요.

2. 에디슨 "천재는 99%의 노력과 1%의 영감[1]으로 만들어진다."
(의미 아무리 뛰어난 능력이 있어도 노력을 하는 것이 중요하다.)
→ ....
....

3. ....
→ ....
....

-게 마련이다 일반적인 법칙 말하기

가 알맞은 표현을 골라 문장을 완성하십시오.

> 좋은 결과가 있다
> 자꾸 웃다 보면 기분이 좋아지다
> ✓누구나 장점과 단점을 가지고 있다

1. 이 세상에 완벽한[2] 사람은 없습니다. 누구나 장점과 단점을 가지고 있게 마련입니다.

2. 자신의 일에 최선을 다하세요. 열심히 노력하다 보면 ....
....

3. 우울할 때는 웃으려고 노력해 보세요.
....
....

---

1) 영감(靈感) 명 갑자기 떠오른 매우 좋거나 놀라운 생각. 예 그의 이야기를 듣다가 갑자기 새로운 영감이 떠올랐다.
2) 완벽하다(完璧--) 형 모자라는 것이 없이 모든 것이 다 훌륭하게 갖추어져 있다. 예 이 세상에 단점이 하나도 없는 완벽한 사람은 없을 거예요.

-(으)ㄴ/는 법이다 일반적인 법칙 말하기

가 알맞은 표현을 골라 문장을 완성하십시오.

> 모든 것이 때가 있다
> 맑은 날도 있고 흐린 날도 있다
> ✓다양한 경험은 인생의 큰 재산이 되다

1. 새로운 경험에 도전해 보십시오. 다양한 경험은 인생의 큰 재산이 되는 법입니다.

2. 때를 놓치면 다시는 기회가 오지 않을 수도 있습니다. ....

3. 산다는 게 원래 그런 거지요. 인생을 살다 보면 ....

나 관심 있는 주제를 고른 후 '-게 마련이다' 또는 '-는 법이다'를 사용해서 여러분이 알고 있는 법칙을 쓰십시오.

> ✓일　사랑　결혼
> 돈　사람(남자/여자)　한국어 공부

1. 무슨 일이든지 처음부터 잘하는 사람은 없는 법이다. 그러나 열심히 노력하다 보면 잘하게 될 것이다.

2. ....

3. ....

-(이)야말로 ~ 강조하기

가 관계있는 내용을 찾아 줄을 그으십시오. 그리고 '-(이)야말로'를 사용해서 두 문장을 연결하십시오.

1. 자신의 일을 즐기다 •	㉠ 인생에서 가장 소중한 것이다
2. 사랑하면서 살다 •	㉡ 건강을 지킬 수 있는 제일 좋은 방법이다
3. 한국 친구를 사귀다 •	㉢ 한국어 실력을 키울 수 있는 좋은 방법이다
4. 규칙적으로 운동을 하다 •	㉣ 성공할 수 있는 최고의 방법이다

→ 1. 자신의 일을 즐기는 것이야말로 성공할 수 있는 최고의 방법이다.

2. ....

3. ....

4. ....

나 '–(이)야말로'를 사용해서 문장을 완성하십시오.

1. .... (이)야말로 인생에서 가장 중요한 것이다.

2. .... (이)야말로 한국어를 잘할 수 있는 좋은 방법이다.

3. .... (이)야말로 ....

종합 연습

다음은 '성공적인 대학 생활'이라는 연설을 하기 위해 작성한 메모입니다. 다음 메모를 보고 연설문을 완성하십시오.

핵심 주장	다양한 경험에 도전하라.	▶ 제 생각에(는) ~
주장의 근거	다양한 경험은 새로운 환경에 적응하는 힘과 문제 해결 능력을 키워 준다.	▶ –이/가 중요하다고 생각하는 이유는 ~
인용하기	(한국 속담) 젊어서 고생은 사서도 한다. – 젊었을 때의 경험이 중요하다.	▶ –다는 말이 있다
강조하기	다양한 경험 – 인생의 소중한 재산이 된다.	▶ –(이)야말로 ~
일반적인 법칙	사람은 누구나 직접 체험한 것은 잘 잊어버리지 않는다.	▶ –게 마련이다
자신의 경험	여러 나라를 여행하면서 다양한 문화와 사람들을 접한 것이 인생에 큰 도움을 주었다.	▶ 제 경험에 비추어 볼 때 ~
요약하기	성공적인 대학 생활을 하기 위해서는 다양한 경험에 도전하는 것이 중요하다.	▶ 지금까지 내용을 한마디로 요약하면 –다는 것이다

제 생각에 성공적인 대학 생활을 하기 위해서는 다양한 경험에 도전하는 것이 중요하다고 봅니다.

....

....

....

....

....

읽기 I·II 어휘

가 알맞은 것을 고르십시오.

1. 사고가 나서 그런지 길 위의 차들이 전혀 움직이지 않아서 2시간 동안 자동차에 (갇혀/채워) 있었다.

2. 돌아가신 할머니를 땅에 (물고/묻고) 너무 슬퍼서 눈물을 흘렸어요.

3. 서울시에서는 더 좋은 교통 시스템을 (개발하기/몰입하기) 위해서 노력하고 있다.

4. 시간을 그냥 보내지 말고 (아껴 쓰세요/넓혀 쓰세요).

5. 좋은 부부 관계를 유지하려면 남편과 아내가 서로의 의견을 (존경해야/존중해야) 한다.

나 밑줄 친 부분과 비슷한 의미를 고르십시오.

1. 인생에서 <u>성공할 수 있는 아주 좋은 때</u>는 여러 번 오지 않습니다.

   ① 기회 ② 직관 ③ 두각

2. '얼마 동안 일했는가.'보다는 '얼마만큼의 <u>결과</u>를 얻었는가.'가 더 중요하다고 봅니다.

   ① 요인 ② 숫자 ③ 성과

3. 왜 이런 사고가 일어났는지 그 원인을 <u>하나하나 자세히 생각</u>해 보아야 합니다.

   ① 분석 ② 활용 ③ 비중

4. 현재의 삶에 얼마나 최선을 다하고 있는지 <u>자기 자신</u>에게 물어보십시오.

   ① 필자 ② 리더 ③ 스스로

5. 하루 동안 가게 문을 닫으면 <u>잃는 돈</u>이 얼마인지 아세요?

   ① 손해 ② 비중 ③ 장애

다 공통으로 들어가는 단어를 골라 형태를 바꾸어 쓰십시오.

낯설다	삼다	엄청나다	애쓰다

1. 1) 10년 만에 찾아간 고향 땅은 모든 것이 …….
   2) 이 강아지는 …… 사람을 보면 무조건 물려고[3] 한다.
   3) 처음 한국에 왔을 때는 한국 음식도, 한국 사람들도 어색하고 …… 느껴졌다.

2. 1) 이미 끝난 일이니 그것을 더 이상 문제 …… 마십시오.
   2) 나는 7층에 있는 집에 올라갈 때 엘리베이터를 타지 않고 운동 …… 걸어 다닌다.
   3) 최근에는 부부 문제를 주제로 …… 드라마가 많이 나오고 있다.

3. 1) 토요일 저녁에 극장에 갔더니 사람이 …… 많았다.
   2) 이번 태풍으로 남부 지방은 …… 피해[4]를 입었다.
   3) 길이 …… 막혀서 약속 시간에 1시간이나 늦었다.

4. 1) 그동안 있었던 안 좋은 일들은 잊어버리고 좋은 추억만 생각하려고 …… 있어요.
   2) 문학상을 받았다면서요? 그동안 좋은 글을 쓰려고 …… 보람이 있군요.
   3) 이렇게 와 주셔서 정말 감사합니다. 먼 길 오시느라 …….

3) 물다 — 동 입술 또는 이빨로 무엇을 떨어지지 않도록 세게 누르다. 예 앤디 씨는 식사를 한 다음에 담배를 꺼내 물었다.
4) 피해(被害) — 명 재산, 명예, 건강 등에 나쁜 영향이나 손해를 받는 것. 예 이번 태풍으로 인해 큰 피해를 입은 사람이 많다.

라 공통으로 들어가는 단어를 고르십시오.

✓진심 부정적 최대한 오히려

1. • 생일을 진심으로 축하해요.
   • 농담인 것처럼 가볍게 말해 버렸지만 사실은 진심에서 나온 말이었다.
   • 너는 나한테 정말 소중한 친구야. 내 말 진심이야.

2. • 컵에 물이 반 정도 있을 때 긍정적인 사람은 반이나 있다고 생각하고 ________인 사람은 반밖에 없다고 생각한다.
   • 어떤 분야에서든 성공한 사람치고 ________으로 생각하는 사람을 한 번도 본 적이 없습니다.
   • 국제결혼에 대한 ________인 시각을 버리십시오.

3. • 일을 빨리 하려고 지나치게 서두르면 ________ 일이 더 늦어질 수도 있어요.
   • 그 사람을 도와주었는데 그 사람은 ________ 저에게 화를 냈어요.
   • 그 사람의 행동은 상황을 ________ 더 어렵게 만들었다.

4. • 시간이 없으니까 ________ 빨리 갖다 주세요.
   • 직원들의 의견을 ________ 받아들이도록 노력하겠습니다.
   • 이번에 맡은 일을 잘 끝낼 수 있도록 ________ 노력해 주시기 바랍니다.

마 관계있는 내용을 찾아 줄을 그으십시오.

1. 직업으로 • ㉠ 발휘하다
2. 핑계를 • ㉡ 이루다
3. 실력을 • ㉢ 대다
4. 환경에 • ㉣ 삼다
5. 목표를 • ㉤ 적응하다

바 표현에 맞는 의미를 고른 후 예문을 만드십시오.

㉠ 신경을 써서 열심히 듣다
㉡ 다른 것에 비해 중요하게 생각하다
㉢ 아주 강하게 결심하고 열심히 노력하다
✓㉣ 뛰어난 지식이나 능력을 보여 주어서 눈에 띄다

1. 두각을 나타내다 (㉣)

   예문) • 그는 우수한 성적으로 중학교 때부터 두각을 나타냈다.
   • 자동차가 최근 수출에서 가장 두각을 나타내고 있는 것은 그동안의 꾸준한 연구와 개발 덕분이다.
   • 그 시대에 정치, 경제 분야에서 두각을 나타냈던 인물이 누구인지 알려 주세요.

2. 귀를 기울이다 (　　)

   예문) • 여러분, 지금부터 제가 하는 이야기에 귀를 기울여 주십시오.
   • 그 아이가 하는 말에 귀를 기울여서 주의 깊게 들었다.
   • ____.

3. 이를 악물다 (　　)

   예문) • 그는 시험에 합격하기 위해서 이를 악물고 열심히 공부했다.
   • 다리가 너무나 아팠지만 이를 악물고 참았다.
   • ____.

4. 비중을 두다 (　　)

예문) • 우리 부부는 아이들의 교육에 큰 비중을 두고 있습니다.

• 어디에 더 비중을 두느냐에 따라 공부 방법이 달라진다.

• ....

읽기 I·II 문법

가 밑줄 친 부분과 비슷한 의미를 고르십시오.

1. 매일 숙제가 너무 많아서 정말 힘들다. 숙제로부터 벗어나고 싶다.
   ✓① 숙제를 그만하고 싶다
   ② 숙제를 더 열심히 하고 싶다

2. 그 사람이 어디에 있든지 저는 관심 없어요.
   ① 어디에 있거나
   ② 어디에 있기 위해서

3. 미나 씨, 일본에서 작은 카메라 좀 사다 주세요.
   ① 돈이 없으니까 돈을 내 주세요
   ② 일본에서 사서 한국에서 저에게 주세요

4. 그 사람이 그 일에 대해 계속 물어보니까 말을 할 수밖에 없었다.
   ① 말을 하지 않았다
   ② 어쩔 수 없이 말하게 되었다

5. 그는 여행을 떠나는 듯이 가방을 여러 개 들고 왔다.
   ① 떠나는 것처럼
   ② 떠난다고 말하고

-(으)로부터 ~

가 비슷한 의미의 조사를 골라 고르십시오.

-에게서	✓ -에서

1. 슬픔이나 두려움으로 인한 고통으로부터 벗어나는 방법을 아십니까?
   [에서]

2. 그 사람으로부터 많은 도움을 받고 얼마나 고마웠는지 모른다.
   [　　　]

3. 매일 반복되는 똑같은 생활로부터 자유로워지고 싶어서 여행을 떠났다.
   [　　　]

4. 친구로부터 그 말을 듣고 큰 충격을 받았다.
   [　　　]

7

* -든(지) ~

가 주어진 단어를 사용해서 비슷한 의미의 문장을 쓰십시오.

1. 모든 사람을 만날 때 항상 인사를 잘해야 한다.

   → (누구/만나다) 누구를 만나든지 항상 인사를 잘해야 한다.

2. 모든 음식을 먹을 때 너무 급하게 먹지 마라.

   → (무슨/먹다) ________________.

3. 아무 때나 와도 나는 상관없다.

   → (언제/오다) ________________.

4. 어느 곳에 있어도 건강하게 잘 지내라.

   → (어디/있다) ________________.

5. 모든 사람과 이야기할 때 상대를 존중하면서 그 말을 잘 들어야 한다.

   → (어떤 사람/이야기하다) ________________.

나 '-든지'를 사용해서 비슷한 의미의 문장을 만드십시오. 문법 · 단어 참고서 p.91 Tip '-든지'의 다른 의미 참고

1. 커피를 마시거나 빵을 먹거나 다 괜찮다.

   → 커피를 마시든지 빵을 먹든지 다 괜찮다.

2. 아플 때는 약을 먹거나 병원에 가거나 해야 하지 않겠니?

   → ________________?

3. 이번 토요일에 친구를 만나거나 영화를 보거나 할 겁니다.

   → ________________.

4. 네가 그 일을 그만두거나 계속하거나 나는 상관없어.

   → ________________.

다 자유롭게 문장을 완성하십시오.

1. 누구를 만나든지 항상 웃는 얼굴로 친절하게 대해라.

2. 어떤 외국어를 공부하든지 …………………………………….

3. ……………………든지 ……………………든지 마음대로 하세요.

* **-아/어/여다~**

가 알맞은 문장을 만드십시오.

1. 이거 요리하다 + 먹을까?
(집에서) (여기에서) → 이거 요리해다 먹을까?

2. 돈 좀 찾다 + 주세요
(은행에서) (집에서) → …………………………………….

3. 아이스크림을 사다 + 먹었어요
(가게에서) (집에서) → …………………………………….

4. 옷을 가지다 + 팔고 있어요
(동대문 시장에서) (부산에서) → …………………………………….

나 다음 동사와 '-아(어/여)다'를 사용해서 각 상황에 알맞은 문장을 만드십시오.

✔갖다	빌리다	잡다	사다

1. [상황] (집에서) 사전을 안 가져와서 (하숙집 친구에게) 사전을 가져와 달라고 부탁할 때
→ 사전 좀 갖다 줄래?

2. [상황] 친구에게 (가게에서) 비디오테이프를 빌려서 (집에서) 보자고 말할 때
→ ……………………………………?

7

3. [상황] 친구에게 (가게에서) 커피를 사서 (교실에) 갖다 달라고 부탁할 때

→ ....?

4. [상황] 아버지에게 (강에서) 물고기를 잡아서 (집에서) 요리해서 먹자고 할 때

→ ....?

-듯이 ~

가 관계있는 내용을 찾아 줄을 그으십시오.

1. '너를 사랑해' 라는 영화는 제목에서도 알 수 있듯이 •　　　　㉠ 앞으로도 최선을 다하자
2. 이번 프로젝트의 실패 원인은 앞에서도 이야기했듯이 •　　　　㉡ 나에게도 나의 가족이 소중하다
3. 당신에게 당신 가족이 소중하듯이 •　　　　㉢ 잘못된 계획에서 시작되었다
4. 지금까지 최선을 다했듯이 •　　　　㉣ 두 남녀의 사랑 이야기이다

* -(으)ㄹ 수밖에 없다

가 알맞은 표현을 고른 후 문장을 완성하십시오.

다른 책을 선택하다	혼자서 파티에 가다	다른 사람에게 부탁하다
식당에서 음식을 사 먹다	✓집까지 걸어가다	

1. 돈이 없어서 집까지 걸어갈 수밖에 없어요.
2. 같이 갈 사람이 없으니까 ....
3. 나에게 그 책이 너무 어려우니까 ....
4. 선생님이 시간이 없으시니까 ....
5. 집에 물이 안 나오니까 ....

나 자유롭게 문장을 완성하십시오.

1. 그 사람이 나의 도움을 안 받겠다고 하니 그냥 지켜볼 수밖에 없어요.

2. .... 기다릴 수밖에 없었어요.

3. .... 그냥 참을 수밖에 없었어요.

4. .... 웃을 수밖에 없어요.

조사

가 알맞은 조사를 골라 문장을 완성하십시오.

-에서	✔-을/를	-(으)로

1. 성공한 사람들은 어려움 [을] 기회 [ ] 만든다.

2. 긍정적으로 생각하는 사람은 안 될 것 같은 일 [ ] 희망 [ ] 찾아낸다.

나 알맞은 것을 골라 쓰십시오

내 발에	✔환경에	음악에	시험 준비에	고민에

1. 여러 종류의 경험은 다양한 환경에 잘 적응할 수 있는 힘을 키워 준다.

2. .... 맞춰 함께 춤을 추자.

3. 내일이 시험이라 .... 열중하고[5] 있다.

4. 이 신발은 .... 맞지 않으니까 다른 걸로 바꿔 주세요.

5. 그 문제 때문에 .... 빠져 며칠 동안 거의 잠을 자지 못했다.

5) 열중하다(熱中--) 동 한 가지 일에 정신을 모으다. 예 그는 식사하는 것도 잊고 일에 열중하고 있다.

7

TIP

대상을 나타내는 '-에'

'-에' 앞에 오는 명사가 동사 행위의 대상이 됨을 나타낸다.

예 ① 감기에 걸려서 학교에 못 나왔어요.
② 이 책은 요리에 관련된 것이다.

〈'-에'와 결합하는 동사의 예〉

-에 걸리다	-에 관련되다
-에 빠지다	-에 집중하다
-에 적응하다	-에 열중하다
-에 맞추다	-에 미치다
-에 맞다	-에 바치다
-에 관계되다	-에 포함되다
-에 속하다	

정리

가 알맞은 것을 골라 대화를 완성하십시오.

-게 마련이다	✓-다는 말	-든지	
성과	실제로	최대한	엄청나다

A: 미나야, 요즘 어떻게 지내?

B: 신문 기자가 되려고 시험 준비를 하고 있어.

A: 신문 기자? 듣고 보니까 기자라는 직업이 너에게 잘 어울릴 거 같다.

B: 그래? 그동안 나한테 어떤 직업이 어울릴까 많이 고민했었거든……. 그런데 아무래도 내가 좋아하는 일을 하는 게 나을 거 같아서 신문사 시험을 보기로 했어.

A: 맞아. 직업을 선택할 때는 자신이 어떤 일을 좋아하는지 잘 생각해 보는 게 중요하다고 생각해. 사람들이 많이 하는 말 중에 노력하는 사람은 즐기는 사람을 못 **1.** (따라가다) 따라간다는 말도 있잖아. 너는 성격이 활동적이고 글 쓰는 것을 좋아하니까 기자를 하면 잘할 수 있을 거야.

B: 고마워. 나도 사람이 무슨 일을 **2.** (하다) .... 자신의 일을 좋아하고 즐기는 것이 정말 중요하다고 생각해. 왜냐하면 자기가 좋아하고 잘하는 일을 하는 사람은 **3.** (성공하다) ....

A: 얼마 전에 히딩크 감독에 대한 책을 읽었는데 그 감독도 선수들이 즐기면서 축구를 할 때 자신의 실력을 **4.** .... 발휘할 수 있다고 했대.

B: 그렇구나. 그래서 그렇게 훌륭한 감독이 될 수 있었나 봐.

A: 내가 **5.** .... 성공한 사람들을 여러 명 만나 보았는데, 모든 사람들이 자신의 일을 즐기면서 한다고 대답하는거야. 그러니까 일에 대한 **6.** ....도 좋은 거겠지?

B: 맞아. 그것이 아마 **7.** .... 많은 일을 하고도 별로 피곤함을 느끼지 않는 이유일 거야.

8 한국 현대사

확인해 봅시다!

읽기 I

어휘

명사
- 고속도로
- 공산주의
- 군
- 대통령
  - 대통령 직
- 독재자
- 리더십
- 민주화
- 분단
- 비판
  - 비판을 받다
- 사상
- 사상자
- 수출액
- 시위
- 영웅
- 이산가족
- 자본주의
- 작전
  - 작전을 벌이다
- 적대감
- 지휘
- 직
- 평가

동사
- 공격하다
- 금지하다
- 넘어서다
  - 100억 달러를 넘어서다
- 늘어나다
- 단속하다
- 되찾다
- 밀다
  - 밀고 밀리는 싸움
- 벌이다
- 뽑히다
- 억압하다
- 점령되다
- 제한하다
- 파괴되다
- 패배하다
- 합치다

형용사
- 수많다
  - 수많은 이산가족

부사
- 이른바

역사적 사건과 인물
- 38도선
- 군사 쿠데타
- 냉전
- 맥아더 장군
- 미니스커트·장발 단속
- 야간 통행금지
- 유엔(UN)
- 인천 상륙 작전
- 한강의 기적
- 휴전 회담

문법
- –아/어/여서야 ~

읽기 II

어휘

명사
- 강제
  - 강제로
- 고아
- 고통
- 내
  - 남한 내
- 배우자
- 본격적
- 사설
- 상봉
- 생방송
- 울음바다
- 일제
  - 일제 시대
- 차례
  - 14 차례
- 치매
- 피난길
- 한순간

동사
- 끌려가다
- 논의하다
- 떨어지다
  - 떨어져 지내다
- 몰려들다
- 부리다
  - 여유를 부리다
- 서두르다
- 추구하다
- 터트리다
- 퍼지다

부사
- 다행히
- 오직
- 완전히
- 이대로
- 한꺼번에

표현
- 감동이 물결처럼 퍼져 나가다
- 꿈에도 잊지 못하다
- 하나 둘 세상을 떠나다

문법
- –(으)ㄴ/는가 싶다
- *–조차 ~
- *–(으)ㄴ 채(로) ~
- *–(으)ㄴ/는데도 (불구하고) ~

말하기 I : 사건 설명하기

개념 설명하기
- –(이)란 –을/를 말하다
- –은/는 –의 약자이다

시간 설명하기
- –간
- 년대
- 초반(=초)/중반/후반/말
- 당시
- 만
- 세기
- 이전 ↔ 이후
- 직전 ↔ 직후

수량 설명하기
- 수–
- –여
- 무려 ↔ 불과
- 최소 ↔ 최대

사건의 원인 설명하기
- –(으)로 인해(서) ~

사건의 결과 설명하기
- –게 되다

말하기 I

가 알맞은 것을 고르십시오.

1. 1930년대 초반
   ✓① 1930년 ~ 1933년
   ② 1936년 ~ 1939년

2. 20세기
   ① 1901년 ~ 2000년
   ② 2001년 ~ 2100년

3. 1970년대 후반
   ① 1970년 ~ 1973년
   ② 1977년 ~ 1979년

4. 21세기
   ① 2001년 ~ 2100년
   ② 2101년 ~ 2200년

나 알맞은 것을 골라 쓰십시오.

✓수–	–여	무려	불과

1. 이번 지진으로 인한 사상자는 아직 정확히 밝혀지지 않았지만 수 만 명의 사상자가 발생한 것으로 알려지고 있습니다.
2. 태풍으로 인해 .... 1,254명이 죽었다.
3. 영화 시사회[1]에 약 1,000 ....명의 관객[2]이 초대되었다.
4. 회의가 .... 10분도 되지 않아 끝났다.

다 알맞은 것을 골라 쓰십시오.

✓–간	만	당시	직전	직후

1. 30분간 휴식[3]한 뒤 토론을 시작하겠습니다.
2. 라면을 끓일 때 계란은 불을 끄기 ....에 넣어야 맛있다.
3. 고등학교 졸업한 지 10년 ....에 고등학교 동창을 만났다.
4. 전쟁이 일어난 ....에 많은 고아들과 이산가족이 생겼다.
5. 이것은 대학에 입학할 ....에 유행하던 옷을 입고 찍은 사진입니다.

라 관계있는 내용을 찾아 줄을 그으십시오. 그리고 '–(으)로 인해'와 '–게 되다'를 사용해서 한 문장으로 연결하십시오.

원인	결과
1. 태풍 •	㉠ 길이 막히다
2. 사장님의 출장 •	㉡ 많은 사상자가 생겨나다
3. 아이의 불장난[4] •	㉢ 큰불이 나다
4. 공사 •	㉣ 회의 일정이 바뀌다

→ 1. 태풍으로 인해 많은 사상자가 생겨나게 되었다.

2. ....

3. ....

4. ....

1) 시사회(試寫會) 명 새 영화를 처음으로 보여 주는 행사나 모임. 예 그 영화는 시사회에서 좋은 평가를 받았다.
2) 관객(觀客) 명 연극 · 무용 등의 공연을 구경하는 사람. 예 그 공연에 관객이 100명이나 참석했다.
3) 휴식(休息) 명 하던 일을 멈추고 잠시 쉬는 것. 예 목욕은 피로 회복을 위한 좋은 휴식 방법이다.
4) 불장난 명 불을 가지고 노는 것. 예 이번 산불은 아이들의 불장난으로 인해 일어났다.

마 다음 메모와 표현을 사용해서 6·25 전쟁을 설명하는 글을 쓰십시오.

메모	표현
• 6·25 전쟁: 1950년 6월 25일에 일어난 남한과 북한 사이의 전쟁 • 1945년 일본으로부터 독립 • 1945년에 남한과 북한으로 분단: 분단의 원인→ 냉전 • 1950년에 6·25 전쟁이 일어남. → 450만 명의 사상자 • 1951년에 휴전 회담 → 2년 동안이나 계속됨.	–(이)란 –을/를 말하다 직후 –(으)로 인해 –게 되다 –간

6·25 전쟁이란 1950년 6월 25일에 일어난 남한과 북한 사이의 전쟁을 말한다.

읽기 I·II 어휘

가 다음은 한국의 역사적 사건과 관련된 단어입니다. 관계있는 단어를 찾아 쓰십시오.

영웅	이산가족	휴전 회담	✓민주화 시위	군사 쿠데타
독재자	38도선	✓인천 상륙 작전	미니스커트·장발 단속	한강의 기적

분단과 6·25 전쟁

인천 상륙 작전

박정희 대통령

민주화 시위

나 반대말끼리 짝을 지어 쓰십시오.

✓남자	여유를 부리다	자본주의	패배하다
줄어들다	이기다	✓여자	서두르다
늘어나다	긍정적	공산주의	부정적

1. 남자 : 여자
2. ______ : ______
3. ______ : ______
4. ______ : ______
5. ______ : ______
6. ______ : ______

다 알맞은 것을 골라 쓰십시오.

강제로	이대로	✓한꺼번에
완전히	오직	이른바

1. 백화점에서 세일을 해서 한꺼번에 사람들이 몰려들어 정신이 없었다.
2. 이산가족 문제를 ______ 두어서는 안 된다.
3. 오늘 친구들을 만나기로 한 약속이 밤에 잘 때 생각났다. 오늘 하루종일 ______ 잊어버린 것이다.
4. 아이가 스스로 공부하게 해야지 부모가 아이에게 공부를 ______ 시키는 것은 아이들에게 별 도움이 안 된다.
5. 나는 죽을 때까지 ______ 너만을 사랑할 것이다.
6. 아는 척하고 큰소리치는 사람들, ______ 지식인[5]이라고 하는 사람들이 이 사회에 한 일이 뭐가 있어?

라 알맞은 것을 골라 쓰십시오.

시위	상봉	✓사상자	평가	차례

1. 이번 태풍으로 인해 무려 이백 명의 사상자 이/가 생겨났다.
2. 이번 지진의 위험성[6]을 뉴스에서 여러 ______ 방송했지만 사람들은 별로 귀 기울이지 않았다.
3. 텔레비전 방송에서 보여 주는 이산가족 ______ 모습에 국민들은 모두 눈물을 흘릴 수밖에 없었다.
4. 그 작가의 책에 대한 사람들의 ______은/는 각각 다르다. 긍정적으로 보는 사람도 있고 그렇지 않은 사람도 있다.
5. 이번 ______의 목적은 동물을 보호하는 법을 만들자는 것이다.

5) 지식인(知識人) 명 일정한 수준 이상의 지식을 갖춘 사람. 예 많은 지식인들이 대통령의 생각에 반대했다.
6) 위험성(危險性) 명 위험한 성질. 위험해질 가능성. 예 이 다리는 오래되어서 무너질 위험성이 있다.

마 각 번호의 빈칸에 알맞은 단어를 쓰십시오. 동사나 형용사는 기본형(basic form)을 쓰십시오.

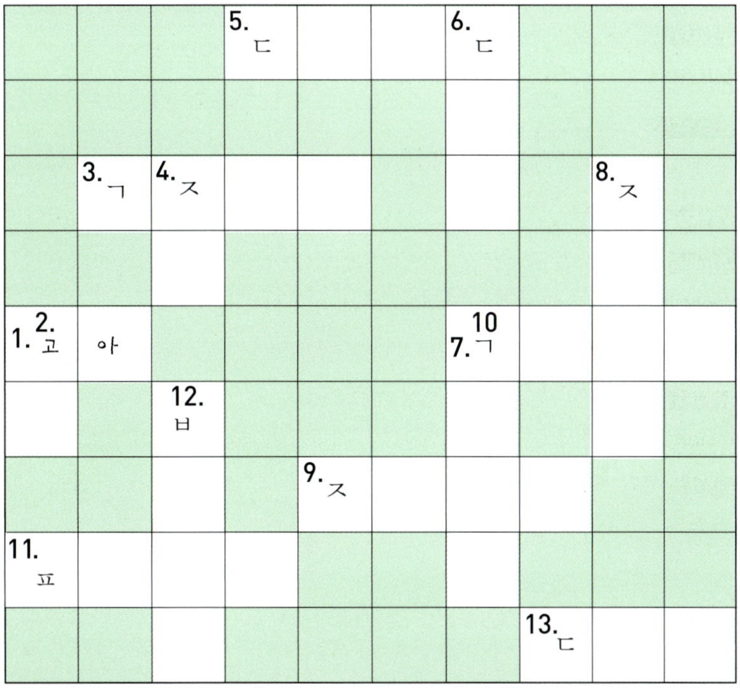

가로 문제

1. 부모가 없는 아이
3. 어떤 행동이나 일을 못 하게 하다.
   예 한국에서는 총을 들고 다니는 것을 ....
5. 법이나 규칙, 명령을 지키게 통제하다.[7]
   예 길에서 경찰이 음주 운전을 ....
7. 현재 북한은 사회가 모든 재산과 생산 수단을 가지고 있는 .... 국가다.
9. 한계를 정해서 그 이상은 못 하게 하다.
   예 이 술집에는 18세 이상만 들어올 수 있습니다. 그보다 어린 아이들의 출입은 ....
11. 예 비행기 미사일(missile)을 터트려서 중요한 건물과 군대 시설을 ....
13. 잊어버렸거나 잃어버렸던 것을 다시 찾다, 회복하다.
   예 잃어버릴 뻔했던 건강을 .... 다시 태어난 기분이 들었다.

세로 문제

2. 몸이나 마음의 괴로움과 아픔.
   예 그는 병으로 인해 심한 .... 을 겪었다.
4. 군대 등에서 부하에게 명령[8]을 내리면서 앞에서 이끄는[9] 것. 예 오케스트라(orchestra)에서는 지휘자[10]의 .... 에 따라야 하고, 회사에서는 상사의 .... 에, 군대에서는 상관[11]의 .... 에 따라야 한다.
6. 예 약속 시간에 늦을까 봐 걱정했는데 .... 길이 막히지 않아서 제시간에 도착할 수 있었다.
8. 예 현재 남한은 개인이 모든 재산과 생산[12]수단을 가지고 있어서 자유롭게 경쟁하는[13] .... 국가다.
10. 적[14]이라고 생각하는 사람이나 국가, 군대 등을 갑자기 치다[15].
   예 북한은 1950년 6월 25일에 갑자기 남한을 ....
12. 자세히 따져서 다른 사람의 생각이나 행동이 나쁘다고 말하는 것.
   예 대통령의 교육 정책[16]에 대하여 많은 사람들이 ....

☞ 새 단어 설명은 p.98 참고

8

읽기 I·II 문법

가 밑줄 친 부분과 비슷한 의미를 고르십시오.

1. 밤 열 시가 지나서야 회의가 끝났다.
   ① 지나서
   ② 지나기 전에

2. 그 사람이 착한가 싶었는데 사귀어 보니까 아니었다.
   ① 착한 것이 확실한데
   ② 착하다고 생각했는데

3. 나는 요즘 너무 바빠서 화장실에 갈 시간조차 없다.
   ① 시간은
   ② 시간도

4. 그 사람은 눈을 뜬 채로 잔다.
   ① 뜨지 않고
   ② 뜬 상태로

5. 영수는 몸이 아픈데도 불구하고 학교에 갔다.
   ① 아팠지만
   ② 아픈 것과 관계없이

-아/어/여서야 ~

가 두 문장을 연결하십시오.

1. 밤 12시가 되다 / 숙제가 끝나다
   → 밤 12시가 되어서야 숙제가 끝났다.

2. 아침이 되다 / 밤새 열리던 파티가 끝나다
   → ....
   ....

3. 졸업할 때가 되다 / 선생님의 마음을 이해하게 되다
   → ....
   ....

4. 우리 아이는 재미있는 텔레비전 프로그램이 모두 끝나다 / 숙제를 시작하다
   → ....
   ....

5. 사람들이 모두 도착하다 / 회의가 시작되다
   → ....
   ....

---

7) 통제하다(統制--) 동 질서 · 제도 · 규범 등을 어기지 않게 지도하다. 예 법은 사회를 통제하기 위해 만들어진 것이다.
8) 명령(命令) [명녕] 명 윗사람이 아랫사람에게 시키는 것. 또는 시키는 말. 예 왕은 신하에게 그 물건을 가져오라는 명령을 내렸습니다.
9) 이끌다 동 (무엇 또는 누구를) 앞에서 잡고 끌다. 또는 따라오게 하다. 예 많은 사람을 이끌려면 인내심이 필요하다.
10) 지휘하다(指揮 --) 동 어떤 단체에 있는 사람들에게 지시와 명령을 내리거나 행동을 지도하다.
예 맥아더 장군의 지휘 아래 유엔군은 인천 상륙 작전을 하였다.
11) 상관(上官) 명 군대나 직장에서 자기보다 위치가 높은 사람. 예 상관의 명령에 따라야 한다.
12) 생산(生産) 명 경제적으로나 예술적으로 가치가 있는 일이나 물건을 생기게 하거나 만들어 내는 것.
예 이 공장은 더 많은 물건의 생산을 위해 만들어졌다.
13) 경쟁하다(競爭--) 동 서로 이기거나 앞서려고 다투거나 싸우다. 예 사람들 간에 경쟁을 해야 발전도 있다.
14) 적(敵) 명 싸움 · 경쟁 · 미움의 대상이 되는 사람이나 사물. 예 적을 잘 알고 자신을 잘 아는 사람은 백 번 싸워 백 번 이긴다.
15) 치다 동 상대편에게 피해를 주기 위하여 공격을 하다. 예 우리가 먼저 적을 쳐야 한다.
16) 정책(政策) 명 사회적인 문제를 해결하거나 정치적 목적을 이루기 위한 방법. 예 먼 미래를 보고 교육 정책을 세워야 한다.

-(으)ㄴ/는가 싶다

가 알맞은 것을 골라 형태를 바꾸어 쓰십시오.

✓꿈인가 싶다	성실한가 싶다
욕심인가 싶다	먹는가 싶다
국가적인 문제가 아닌가 싶다	

1. 10년 만에 고향에 돌아오다니……. 이것이 정말 꿈인가 싶습니다.

2. 너무 많이 .... 결국 배탈이 나고 말았다.

3. 그 학생이 수업에 열심히 참여해서 .... 숙제는 한 번도 내지 않아서 실망했다.

4. 제가 생각하기에는 대학생들의 취업 문제는 개인적인 문제가 아니라 ....

5. 아들이 내가 원하는 대로 의사가 되기를 바랐는데 사실은 그것이 나의 ....

* -조차 ~

가 관계있는 내용을 찾아 줄을 그으십시오. 그리고 '-조차'를 사용해서 문장을 완성하십시오.

1. 그 사람은 한국어를 잘 못한다. •
2. 요즘 생활비가 너무 부족하다. •
3. 교통사고가 나서 어머니가 머리를 크게 다치셨다. •
4. 감기에 걸려서 목이 많이 부었다. •
5. 요즘 바빠서 아이들과 놀지 못한다. •

• ㉠ 하숙비를 내지 못한다.
• ㉡ 아이들 얼굴을 보지 못한다.
• ㉢ 물을 마실 수 없다.
• ㉣ 내 얼굴을 기억하지 못한다.
• ㉤ 자기 나라 말도 잘 못한다.

→ 1. 그 사람은 한국어를 잘 못한다. 심지어 자기 나라 말조차 잘 못한다.

2. 요즘 생활비가 너무 부족해요. 그래서 ....

3. 교통사고가 나서 어머니가 머리를 크게 다치셨어요. 그래서 ....

4. 감기에 걸려서 목이 많이 부었어요. 그래서 ....

5. 요즘 바빠서 아이들과 놀기는커녕 ....

* -(으)ㄴ 채(로) ~

가 알맞은 단어를 고른 후 질문에 대한 대답을 쓰십시오.

말 안 하다　　뜨다　　✓입다　　잊다　　안 씻다

1. 잠옷만 입은 채 손님을 맞은 적이 있습니까?

   대답: 네, 자고 있었는데 갑자기 이른 아침에 손님이 찾아와서 잠옷만 입은 채 손님을 맞은 적이 있습니다.

2. 중요한 약속을 .... 다른 약속에 가신 적이 있습니까?

   대답: ....

3. 눈을 .... 자는 사람을 본 적이 있습니까?

   대답: ....

4. 너무 피곤해서 .... 잠든 적이 있습니까?

   대답: ....

5. 나쁜 일을 해놓고 부모님께 .... 지나간 적이 있습니까?

   대답: ....

나 문장을 자유롭게 완성하십시오.

1. 불을 켠 채 그냥 잠을 잔 적이 많습니다.
2. 친구가 술에 취한 채 ....
3. .... 학교에 갔어요.

* -(으)ㄴ/는데도 (불구하고) ~

가 한 문장으로 연결하십시오.

1. 음식을 많이 먹다 / 살이 안 찌다

   → 음식을 많이 먹는데도 살이 안 찐다.

2. 열심히 공부를 안 했다 / 시험을 잘 보았다

   → ....

3. 추운 겨울이다 / 젊은 여자들이 미니스커트를 입다

   → ....

4. 선생님이 부르다 / 대답을 안 하다

   → ....

나 문장을 완성하십시오.

1. 열심히 공부하는데도 불구하고 성적이 오르지 않은 적이 있어요?
2. .... 친구를 용서해 준 적이 있어요?
3. .... 일부러 모르는 척한 적이 있어요?
4. 싫어하는 일인데도 ....?
5. 하고 싶은 일인데도 ....?

다 다음 문법을 사용해서 문장을 만드십시오.

1. –아/어/여서야 ~

의미) '어느 시기가 되어서'라는 의미이다.
'–아/어/여서'보다 오랜 시간이 지나 드디어 그 시간이 되었다는 것을 강조한다.

예문) • 휴전 회담은 이후 2년간이나 계속되어, 1953년 7월 27일이 되어서야 끝났다.

• 수업이 다 끝날 때가 돼서야 반 친구들하고 친해진 것 같아 아쉽다.

2. –(으)ㄴ/는가 싶다

의미) '그러한 생각이 들다'라는 의미로, 말하는 사람의 생각이나 추측을 나타낸다. 말할 때 많이 사용한다.

예문) • 한국 사람은 무슨 일이든지 서두르면서 빠른 결과를 바라는 경향이 있다. 이것은 한국의 특별한 역사적 경험 때문이 아닌가 싶다.

• ....

3. –조차 ~

의미) '가장 쉽고 기본적인 것도 할 수 없다'라는 의미를 나타낸다. '–조차' 뒤에는 '–지 않다, 못하다'와 같은 부정문[17]이 온다.

예문) • 내 가족이 어디에서 어떻게 살고 있는지조차 알 수 없는 상황이 오십 년 넘게 계속되고 있다는 것을…….

• ....

4. –(으)ㄴ 채(로) ~

의미) 어떤 동작을 한 상태 그대로 다음 동작을 한다는 것을 나타낸다.

예문) • 대부분의 이산가족은 꿈에도 잊지 못할 가족들을 만나지 못한 채 하나 둘 세상을 떠나고 있다.

• ....

5. –(으)ㄴ/는데도 (불구하고) ~

의미) 'A는데도 (불구하고) B'는 A와는 관계없이 B가 일어남을 나타낸다.

예문) • 한국 사람들은 이산가족 문제가 급한데도 왜 이렇게 여유를 부리고 있을까?

• ....

조사

가 알맞은 조사를 골라 문장을 연결하십시오.

✓–에	–을/를	–(으)로

1. 불과 며칠 사이 [에] 수만 명의 사람들이 헤어진 가족을 찾기 위해 여의도 KBS [ ] 몰려들었다.

2. 평범하게 시작된 이 방송이 한순간에 한국 전체 [ ] 울음바다 [ ] 만들었다.

17) 부정문 (否定文) 명 부정의 뜻을 나타내는 문장. '철수는 담배를 피우지 않았다', '그는 오늘 학교에 가지 못했다', '무리하게 일을 하지 마라' 등이 그 예이다. 예 '안'이나 '못'이 들어가면 부정문이 된다.

나 알맞은 것을 골라 쓰십시오.

-까지	-조차

1. 가족들이 살아있는지 ________ 알지 못하는 상황이 무려 오십 년 넘게 계속되고 있다.

2. 글씨를 너무 못 써서 읽기 ________ 힘들구나.

3. 오늘 길이 막혀서 집에서 학교________ 1시간이나 걸렸다.

4. 너는 자세가 안 됐어. 어떤 일을 해 보려는 노력 ________ 하지 않잖아.

5. 이렇게________ 도와주셔서 감사합니다.

TIP

'-조차/-까지' 비교

1) 조차: 기본적인 것도 이루어지지 않음을 나타낸다.
부정적 의미를 나타내는 문장에 쓰인다.
2) 까지: 한계를 나타낸다.

예 • 나는 그 친구가 유학을 갔다는 소식조차 못 들었어.
• 이 열쇠까지 잃어버리면 우리는 집에 들어갈 수 없어.

정리

가 알맞은 것을 골라 글을 완성하십시오.

-(으)로 인해	-(으)ㄴ/는 데도 불구하고	
-(으)ㄴ 채(로)	울음바다	✓북한
논의하다	울음	서두르다

한국은 독립 이후 남한과 1. 북한 (으)로 나누어지게 되었다. 이후 1950년에 일어난 한국 전쟁2. ________ 가족이 떨어져 만나지 못하는 이산가족이 생겼다. 그러다가 1983년 KBS 방송국에서 남한 내 이산가족 찾기 방송을 했는데 헤어진 가족이 만나는 장면을 보고 전국은 3. ________ 이/가 되었다. 이후 남북 관계가 좋아져 이산가족 문제를 본격적으로 4. ________. 그 결과 드디어 2000년에 남북한 이산가족이 상봉하게 되었다. 상봉 때 어떤 아들은 병으로 자신을 못 알아보는 어머니 앞에서 참았던 5. ________ 을/를 터뜨렸고 외국 기자는 이것을 '잔인한 만남'이라고 표현했다. 현재 이산가족들은 가족들을 꿈에서도 6.(잊지 못하다) ________ 하나 둘 세상을 떠나고 있는 상황이다. 이렇게 이산가족 문제가 7. (급하다) ________ 왜 여유를 부리고 있는가? 다른 어떤 문제보다도 이산가족 문제 해결을 빨리 8. ________ 할 것이다.

모의

한국어능력시험

A권 5~8과

어휘·문법, 쓰기, 읽기

총문항수 : 33 문항

시험시간 : 90분

수험번호 (Registration No.)		
이 름 (Name)	한국어 (Korean)	
	영 어 (English)	

※ 주의점

• 30분 시간을 정해 놓고 어휘 · 문법, 쓰기, 읽기 문제를 푸십시오.

• 각 영역 당 60% 이상 맞힌 경우에 5급 정도의 실력을 갖춘 것으로 간주합니다.

어휘 · 문법 (1번~15번)

※ [**1~8**] 다음 (   ) 안에 알맞은 것을 고르십시오.

1. 이 책을 사시는 분 중 100분께 작가를 직접 만나 이야기를 나눌 수 있는 (   ) 을/를 드리겠습니다.
   ① 기회   ② 요인   ③ 대상   ④ 활용

2. 나는 커피숍에서 맛있는 과자와 함께 (   ) 차 한 잔 마시는 것을 좋아한다.
   ① 짜릿한   ② 아늑한   ③ 싱그러운   ④ 향기로운

3. 아이가 아무리 어리더라도 아이의 의견을 무시하지 않고 (   ) 주어야 한다.
   ① 추구해   ② 존중해   ③ 발휘해   ④ 서둘러

4. 그 사람을 도우려고 한 행동이 (   ) 그에게 불편을 끼치게 되었다.
   ① 오히려   ② 이대로   ③ 이른바   ④ 간절히

5. 어젯밤 10시쯤 비행기 사고가 나서 (   ) 많은 사람이 죽었다고 한다.
   ① 일단   ② 곰곰이   ③ 엄청나게   ④ 이왕이면

6. 이번 주에 학기가 끝나니까 시험 준비, 숙제 등 해야 할 일이 (   ).
   ① 불같이 뻔해요   ② 물 쓰듯이 써요
   ③ 백지장같이 하얘요   ④ 산더미같이 많아요

7. 등산객이 버린 담뱃불로 인해 산불이 나서 (   ) 10억 원이나 되는 피해를 입었다.
   ① 최소   ② 무려
   ③ 전혀   ④ 불과

8. 'TV 안보기 운동' 에 (   ) 주시는 모든 분께 '행복한 삶' 책을 한 권씩 드리겠습니다.
   ① 서둘러   ② 의식해
   ③ 참여해   ④ 양보해

※ **[9~10]** 다음 중 <u>틀린</u> 문장을 고르십시오.

9. ① 제가 이번 시험에서 1등을 할 줄은 상상조차 했어요.
② 그 남자는 나를 옆에 세워 둔 채 계속 다른 사람과 이야기했다.
③ 최선을 다한다면 어떤 분야에서 일하든 성공할 수 있을 거예요.
④ 하숙집에서 저녁 식사를 만들어 먹기도 하고 밖에서 외식하기도 한다.

10. ① 서점에 간 김에 친구에게 줄 책을 한 권 샀다.
② 사람들은 일주일 이상 계속된 더위에다가 지쳤다.
③ 저쪽에서 가지고 온 책을 원래 있던 곳에 갖다 놓았다.
④ 시내에서 지갑을 잃어버려서 집까지 걸어갈 수밖에 없었다.

※ **[11~12]** 다음 글을 읽고 물음에 답하십시오.

> 우리의 환경이 점점 더 오염되고 있다. 예전에 아무 걱정 없이 마시던 수돗물을 이제는 마실 수 없게 되어 버린 지 오래이다. 아이들이 마음껏 놀 수 있는 깨끗한 시냇물도 도시에서는 찾아보기 힘들다. 이렇게 아무런 대책 없이 환경오염이 점점 더 심해진다면 우리의 미래가 어떻게 될지는 (　　㉠　　).
>
> 우리의 환경을 지키기 위해 가장 필요한 것은 사람들의 생각을 바꾸는 것이다. 특히, 자라나는 아이들에게 환경에 대한 교육을 철저히 시켜야 한다. 즉, 빠른 시일 내에 정부와 국민이 협력하여 어린이집, 유치원, 초등학교를 대상으로 환경 교육을 실시하여야 한다. 사람들의 의식이 바뀌지 않으면 우리의 미래는 (　　㉡　　).

11. ㉠에 알맞은 말을 고르십시오.
① 물 쓰듯이 쓴다　　② 산더미같이 많다
③ 불을 보듯이 뻔하다　　④ 귀신같이 알아맞힌다

12. ㉡에 알맞은 말을 고르십시오.
① 어둡기도 하다　　② 어두워질 것인가
③ 어두워지는가 싶다　　④ 어두울 수밖에 없다

※ [**13~15**] 다음 글을 읽고 물음에 답하십시오.

> **Q** 저는 얼마 전에 단독 주택의 이층에 전세를 얻어 이사를 왔습니다. 그런데 이사 온 지 한 달 정도 지난 이번 주 수요일에 제가 개를 데리고 산책을 가다가 집주인과 마주쳤습니다. 집주인은 개를 (㉠) 아니면 집을 비워 달라고 합니다. 이사 비용도 안 주겠다면서 말입니다. 개가 있다는 이유만으로 보상도 없이 집을 비워 달라고 하는 집주인의 요구는 너무한 것 아닙니까? 제가 어떻게 해야 할까요?
>
> **A** 만약 개들이 밤새도록 짖어 매일같이 잠을 잘 수 없게 하였다든지, 아니면 대소변을 아무 곳에나 보게 하고는 치우지 않아 복도나 아파트 마당을 매일 더럽혔다든지, 또는 사람을 물었을 경우에는 그 피해를 준 개의 주인들이 피해를 보상해야 합니다. 그러나 주민들에게 별 피해를 주지 않는 동물들의 (㉡) 동물을 키우지 못하게 강요하는 것은 잘못된 일입니다. 일단 주인과 잘 이야기해서 원만하게 해결하시는 것이 가장 좋은 방법인 것 같습니다. 하지만 주인이 피해 보상도 (㉢) 집을 비워 달라고 계속 주장한다면 법적으로 해결하실 수밖에 없을 것 같습니다. 법률 상담은 아래 번호를 이용하십시오.
>
> 01) 705-8088

13. ㉠에 알맞은 말을 고르십시오.

① 다른 곳에 주고　　② 다른 곳에 주든지
③ 다른 곳에 주면서　　④ 다른 곳에 주었는데도

14.. ㉡에 알맞지 <u>않은</u> 말을 고르십시오.

① 주인들에게나　　② 주인들에게도
③ 주인들에게조차　　④ 주인들에게까지

15. ㉢에 알맞은 말을 고르십시오.

① 해 준 채　　② 해 주지 않은 채
③ 해 줄지라도　　④ 해 주지 않을지라도

쓰기 (16번~21번)

16. 밑줄 친 부분에 알맞은 것을 고르십시오.

가: 이 선물 좀 포장해 주세요. 이왕이면 ______________________.
나: 네, 알겠어요.

① 2시까지 해서 주시면 시간은 충분합니다
② 포장보다는 속의 내용물이 중요한 것입니다
③ 꽃이랑 리본도 붙여서 예쁘게 포장해 주세요
④ 포장을 할 시간에 다른 선물을 사는 것이 좋을 것 같아요

※ [**17~19**] 다음 (　　　)에 가장 알맞은 것을 고르십시오.

17.

칭찬의 힘은 강하다. 내가 다른 사람에게 칭찬을 하면 그 사람의 기분이 좋아지고, 그 사람은 또 다른 사람에게 칭찬을 하게 된다. 그야말로 (　　　　　　　　　　　　　　).

① 무조건 칭찬만 하는 것은 좋지 않다
② 좋은 순환이 이루어지게 되는 것이다
③ 칭찬을 들은 사람은 기분이 좋아지기 때문이다
④ 야단을 맞으면 다른 사람에게도 화를 내게 된다

18.

어떤 사람은 다음 세 단어만 반복하면 어떤 여자와도 잘 지낼 수 있다고 주장한다. 그것은 바로 '그래?', '맞아, 맞아.', '그렇구나.'이다. 즉 여자가 무슨 말을 하건 따지지 않고 맞장구를 쳐 주라는 것이다. 그렇지만 이것은 남자도 마찬가지 아닐까? (　　　　　　　　　　　　　　　　　　　　　　　　).

① 여자는 자기 감정을 이야기하고 이해받는 과정에서 기쁨을 느낀다
② 남자는 여자와 달리 자기 감정을 표현하는 데 익숙하지 않기 때문이다
③ 여자는 감정을 이해받기를 원하지만 남자는 사실을 이야기하기를 원한다
④ 자기 감정을 이해해 주는 사람과 대화하는 것을 싫어하는 사람은 없을 테니까 말이다

19.

> 미국의 발명가 '에디슨'은 7세에 초등학교에 들어갔으나 겨우 3개월 만에 퇴학을 당한 후 주로 어머니로부터 교육을 받았다. 집도 매우 가난하여 기차역에서 신문이나 과자를 팔았고, 기차 차장에게 맞아서 귀가 잘 들리지 않게 되는 등 무수한 어려운 일이 있었다. 그러나 끊임없이 연구를 계속한 결과 (   ).

① 실패를 두려워하지 않고 끊임없이 노력한 그의 노력 때문이었다
② 언제나 무엇을 연구할 것인가에 대하여 깊이 생각하였다고 한다
③ 처음부터 수없이 많은 물건을 바로 발명할 수 있었던 것은 아니다
④ 전신기, 전화기, 전등 등 수없이 많은 물건을 발명한 발명가가 되었다

※ **[20~21] 제시된 표현을 사용해서 문장을 만드십시오. (25자 내외)**

20. 지난주에 관광버스가 뒤집혀서 버스에 타고 있던 20여 명의 사람들이 사망한 대형 사고가 일어났다. (불과 / 8명 / 안전벨트를 매다 / 살아남다)

____

21. 집에서 인터넷을 통해 공부를 하는 사람들이 늘고 있다. 그래서 일부 미래학자는 20년 정도의 (시간이 흐르다 / 학교라는 건물 / 사라지다 / 예상하다)

____

읽기 (22번~33번)

22. 다음은 신문 기사의 제목입니다. 가장 잘 설명한 것을 고르십시오.

> 한국 수영, 세계무대에서 두각

① 한국의 수영 선수들의 세계무대 성적이 궁금하다.
② 한국의 수영 선수들이 세계무대에서 별로 잘하지 못했다.
③ 한국의 수영 선수들이 세계무대에 나가도록 노력해야 한다.
④ 한국의 수영 선수들이 세계무대에서 좋은 성적을 거두었다.

23. ㉠에 들어갈 가장 알맞은 내용을 고르십시오.

누구나 인생에서 겨울과 같이 힘들고 어려운 때가 온다. 그러나 어려움이 왔을 때 힘들고 괴로워서 아무 일도 하지 않는다면 다음 해 봄에 많은 잎이 달린 나무는 결코 될 수 없을 것이다. 지금의 어려움이 끝이라고 생각하지 마라. (㉠).

① 밝은 시기는 인생의 봄에 비유할 수 있다
② 어려움과 기쁨은 언제나 함께 찾아오는 법이다
③ 어려운 시기가 바로 인생의 겨울이기 때문이다
④ 겨울 다음에는 밝고 아름다운 봄이 반드시 오게 마련이다

24. 다음은 어떤 종류의 글인지 고르십시오.

좀 더 보람 있게 휴가를 보내고 싶은 사람들은 역사서를 찾는다. 영원한 고전 '삼국지'도 그 중 하나. 세계를 손에 쥐려는 영웅들의 계획과 승부, 지혜는 시간과 공간을 넘어서서 언제나 사람들의 시선을 끈다. 그동안 수많은 작가와 학자들의 '삼국지'도 존재하지만 최근 출간한 '현대 삼국지'도 권할 만하다. 작가는 5년 동안 중국을 여행하며 자료를 모으고, 철저히 자료를 분석한 후 최대한 사실만을 적으려고 노력했다고 말했다.

① 책 소개문 ② 강의록
③ 독서 감상문 ④ 관광 안내지

25. 다음 글의 주제로 가장 알맞은 것을 고르십시오.

어느 대학 강의실에서 다양한 머리 모양을 한 학생들에게 남자 교수님이 말씀하신다. "20세기 한국에서는 '장발과 미니스커트 단속'이 있었지요." 학생들이 그 말을 듣고 '까르르……' 웃는다. 요즘 학생들은 믿을 수 없겠지만 1970년대 한국 사회에서는 실제로 사회 분위기를 나쁘게 한다는 이유로 장발과 미니스커트를 단속했다. 그럼에도 불구하고 장발과 미니스커트는 1970년대 젊은이들에게 인기 있었던 문화 현상이었기 때문에 단속에 걸린 젊은이들은 정신없이 도망치고 경찰은 그 뒤를 쫓아 달리는 모습을 여기저기에서 볼 수 있었다.

① 1970년대 경찰의 역할 ② 1970년대 역사 속의 풍경
③ 1970년대 강의실의 분위기 ④ 1970년대 장발 단속의 문제점

26. ㉠에 들어갈 내용으로 가장 알맞은 것은 무엇입니까?

> 직업을 구할 때 사람들은 보통 높은 월급이나 대우만을 생각하는 경향이 있다. 하지만 '넘어진 김에 쉬어 간다'라는 말도 있듯이 직장을 찾는 동안에 이왕이면 자신이 어떤 사람이고, 무엇을 하면 좋을지에 대한 '인생 계획표'를 세워 보는 것은 어떨까?
> 만약 어떤 사람이 남들이 다 부러워하는 대기업에 들어갔다고 하자. 그 사람이 만약 사람들을 관리하고 이익을 남기기 위해 하루 종일 숫자와 씨름하는 일을 좋아하지 않는다면 그게 그 사람한테 좋은 일일까? 이와 반대로 경쟁심이 강하고 이기는 것을 좋아하는 친구가 사회단체에서 상담하는 일을 한다면 행복할까? 그러니 (㉠   )(이)야말로 자신에게 맞는 직업을 찾고 행복한 인생을 사는 데 중요한 일일 것이다.

① 서로 사랑을 주고받는 것
② 몸과 마음이 모두 건강한 것
③ 자기가 어떤 사람인지 정확하게 아는 것
④ 대학에서 자신에게 맞는 전공을 공부하는 것

27. 다음 글의 중심 내용은 무엇입니까?

> 오랜 옛날 인간은 오염되지 않은 공기와 물을 마셨다. 그러나 산업 혁명을 거치면서 인간은 공기 오염, 수질 오염 등에 의해 건강에 위협을 받게 되었다. 이런 점에서 최근 20년 사이에 알츠하이머, 파킨슨병 등 뇌 질환 발생률이 급증한 원인이 농약, 산업 폐기물, 자동차 배기가스, 가정 폐기물 등을 포함한 복합적인 환경오염 물질 때문이라는 연구 결과는 주목할 만하다.

① 뇌 질환의 종류　　② 환경오염과 뇌 질환의 관계
③ 국가별 환경오염의 증가율　　④ 뇌 질환 발생률의 남녀별 차이

※ [**28~30**] 다음 글을 잘 읽고 질문에 답하시오.

> 성공하는 사람과 실패하는 사람, 행복한 사람과 불행한 사람은 각기 다른 방식으로 생각하고 다른 방식으로 행동한다. 성공하고 행복한 사람은 자기보다 뛰어난 사람을 보면 그가 갖고 있는 장점이 무엇인지를 찾아 그것을 배우려고 애쓴다. 반면 '사촌이 땅을 사면 배가 아프다' 라는 속담도 있듯이, 실패하고 불행한 사람은 (㉠).
>
> 영국 속담에 '(㉡).' 라는 말이 있다. 이 말이 우리에게 가르쳐 주는 교훈은 무엇일까? 지금보다 더 나은 사람이 되고 싶다면 능력 있는 사람을 대접하고 그들에게서 뭔가 배우려고 해야 한다는 것이다. 능력 있는 사람들을 대접하면 그들은 대개 우리에게 많은 것을 가르쳐 준다. 그러니 땅 산 사촌이 있다면 배 아파하지 말자. 진심으로 축하해 주자. 그리고 "한턱내라."라고 말하기보다는 축하의 뜻으로 점심을 사겠다고 제안하자.

28. ㉠에 들어갈 내용으로 가장 알맞은 것은 무엇입니까?
① 자기보다 더 많이 가진 사람을 보면 그 사람에게서 대접받기만을 원한다
② 자기보다 뛰어난 사람을 보면 자기의 잘못을 후회하느라 시간을 허비한다
③ 자기보다 더 많이 가진 사람을 보면 무조건 시기하고 그의 단점부터 찾는다
④ 자기보다 뛰어난 사람을 보면 그 사람에게 한턱내며 그가 가진 장점을 찾으려고 노력한다

29. ㉡에 들어갈 가장 알맞은 속담은 무엇입니까?
① 피는 물보다 진하다
② 말보다는 행동이 중요하다
③ 기다리는 시간은 긴 법이다
④ 부자가 되려면 부자에게 점심을 사라

30. 이 글의 종류는 무엇입니까?
① 기행문 ② 감상문
③ 주장문 ④ 심사 후기

※ [**31~33**] 다음 글을 잘 읽고 질문에 답하시오.

(가) 모든 아버지는 아이를 사랑한다. 그러나 아이 마음과 상관없이 자기 식대로만 아이를 사랑하는 아버지 또한 많다. 그러나 중요한 것은 아이의 마음을 읽어야 아이와 좋은 관계를 맺을 수 있다는 점이다.

(나) 아버지는 아이들에겐 지붕과 같아서 아이와 접하는 시간이 많지 않더라도 알게 모르게 영향을 주게 된다. 연구 결과에 따르면 아이들이 나중에 커서 사람들 앞에서 자신의 생각을 얘기할 때 아버지와의 대화 경험이 많은 영향을 준다고 한다. 또한 아버지와 좋은 관계를 맺은 아이는 사회성도 뛰어나다고 한다. 이와 같이 아이들에게 아버지는 사회로 나가기 전에 안전하게 보호해 줄 수 있는 사람인 동시에 사회에서 어떻게 행동해야 하는지에 대한 길을 제시해 주는 사람인 것이다. 따라서 아이가 사랑받는, 중요한 존재라는 확신을 가질 수 있도록 아버지는 함께 놀거나 책을 읽어 줄 때 말 한마디, 행동 하나하나에 신경을 써야 한다.

(다) 예를 들어 퍼즐을 하다 아이가 다른 행동을 한다면 관심이 없어졌거나 어렵다거나 하는 이유가 분명히 있다. 이때는 "퍼즐하고 싶지 않구나.", "너무 어렵니?" 하고 아이 마음에 ㉠<u>주의를 기울이고</u> 맞장구를 쳐 주는 게 좋다. 어느새 아이는 마음을 열고 아버지에게 다가설 것이다. 이렇듯 아이 마음에 맞장구만 쳐 주어도 아이는 달라진다.

31. 이 글의 주제문으로 가장 적절한 것을 고르십시오.
    ① 아버지와의 관계로 인해서 대화에 문제를 겪는 아이들이 많다.
    ② 아이가 흥미 없어하는 활동보다는 재미있어하는 활동을 시켜야 한다.
    ③ 아이가 진정 바라는 것이 무엇인지 이해하려는 아버지의 노력이 필요하다.
    ④ 아버지와 아이가 서로의 마음을 이야기하지 않으면 서로의 마음을 알 수 없다.

32. 아버지를 비유적으로 표현한 단어를 (나)에서 찾아 쓰십시오.
    (   )

33. ㉠의 의미로 알맞지 <u>않은</u> 것을 고르십시오.
    ① 살피고
    ② 무시하고
    ③ 의식하고
    ④ 관심을 갖고

모범답안

1 인물

말하기 I p.7

긍정적 어휘

가

1. ① 2. ② 3. ② 4. ② 5. ② 6. ②

나

1. 가슴이 뭉클했어 2. 후련해 3. 마음이 들떠
4. 시원섭섭하네요 / 시원섭섭해요 5. 자랑스럽겠어요
6. 뿌듯했어요

부정적 어휘

가

1. ② 2. ② 3. ① 4. ① 5. ② 6. ②

나

1. 괴로워요 2. 불안해 3. 난처했어
4. 서먹했어 5. 절망하지 6. 지겹지(도), 지겨워

읽기 I·II 어휘 p.10

가

1. 한계 2. 비결 3. 격려 4. 이력

나

1. 다름없는, 다름없다 2. 활발하게, 활발한
3. 특이한, 특이하게

다

1. 보장된, 안주하는 2. 타고나는, 접하느냐

라

1. 깨끗이 포기했다 2. 피나는 노력을 했다
3. 열매를 맺게 4. 푹 빠졌다

마

1. 푹 빠져서 2. 깨끗이 포기하려고
3. 피나는 노력을 한 4. 열매를 맺은

읽기 I·II 문법 p.12

가

1. ① 2. ② 3. ② 4. ① 5. ①

* -은/는커녕 ~

가

1. 결혼은커녕 연애도 한 번 못했다
2. 비는커녕 구름도 끼지 않았다
3. 이곳에는 나무는커녕 풀도 없다

나

1. 매일 운동하는데 살이 빠지기는커녕 살이 더 쪘다
2. 팔을 다쳐서 물건을 들기는커녕 팔을 올리지도 못한다
3. 생일날 부모님께 선물을 받기는커녕 축하한다는 말조차 못 들었다

다

1. 인사는커녕
2. 자기 일도 잘 안 해요
3. 이번 주는커녕 다음 주에도 다 마치기 힘들 것 같아요

라

1. 자기가 뭘 잘못했는지도 모르는 것 같아요
2. 더 나빠졌어요
3. 줄어들기는커녕 점점 더 늘어나는 것 같아요

-아/어/여 오다, -아/어/여 가다

1. 연구해 오신 2. 살아 가기로
3. 참아 왔지만 4. 일해 온

* 그리 -지 않다

가

1. 그리 어렵지 않아서 2. 그리 멀지 않다
3. 그리 무겁지 않다 4. 그리 바쁘지 않으니까

나

1. 그리 맛있지 않아요 2. 그리 재미있지 않았어요
3. 그리 어렵지 않았어요 4. 그리 바쁘지 않아
5. 그리 힘들지 않아요

* 말고도 ~

가

1. 영어 말고도 잘하는 외국어가 많아요
2. 불고기 말고도 좋아하는 한국 음식이 많아요
3. 신촌 말고도 대학로, 종로 등 여러 곳에 있어요
4. 경주 말고도 제주도, 부산 등 여러 곳에 가 봤어요

나

1. 말고도 2. 말고도 3. 말고는 4. 말고는

다

1. 몇 분 더 계세요 2. 몇 개 더 있어요
3. 없어요 4. 없어요

-(느)냐에 달려 있다

가

1. 많은 관객이 오느냐에 달려 있다
2. 많이 사랑하고 사랑받느냐에 달려 있다
3. 결정하느냐에 달려 있지
4. 학교에 잘 나오느냐에 달려 있어요

조사 p.15

가

1. 는, 가, 의 2. 을, 이

나

1. 만, 밖에 2. 밖에, 만
3. 밖에, 만 4. 만, 밖에

정리 p.16

가

1. 전환점 2. 계기 3. 그리 쉽지 않았다
4. 각오한다 5. 타고난 6. 얼마나
7. 노력하느냐에 달려 있다

2 서울의 명소

말하기 I p.18

-(으)로 -을/를 들 수 있다 예를 들어 제시하기

가

1. 서울에서 산책하기 좋은 곳으로 월드컵 공원과 남산 산책로, 청계천을 들 수 있습니다
2. 한국의 대표적인 전통 음식으로 김치, 비빔밥, 불고기를 들 수 있습니다

명 + -(으)로 유명하다/동 형 + -기로 유명하다 특징 설명하기

가

1. 동대문 시장은 옷값이 아주 싸기로 유명합니다
2. 그 학교는 심리학으로 아주 유명합니다

게다가 ~ 앞의 내용에 다른 내용 덧붙이기

가

1. 인사동은 대표적인 전통 문화의 거리로서 전통적인 볼거리가 많습니다. 게다가 일요일에는 다양한 문화 축제도 열립니다
2. 민수 씨는 열심히 일하는 성실한 사람입니다. 게다가 성격도 좋고 유머 감각도 뛰어납니다

-뿐(만) 아니라 ~ 앞의 내용에 다른 내용 덧붙이기

가

1. 웃음은 자신을 건강하게 할 뿐만 아니라 다른 사람도 즐겁게 만듭니다
2. 미나 씨는 아주 예쁠 뿐만 아니라 성격도 좋습니다
3. 스미스 씨는 학생일 뿐만 아니라 저녁에 영어를 가르치는 선생님입니다

-와/과 마찬가지로 ~ 비교하기: 공통점 말하기

가

1. 남대문 시장과 마찬가지로 명동에서도 다양한 물건을 살 수 있습니다
2. 한국과 마찬가지로 일본에서도 어른에게 존댓말을 사용합니다

-와/과 달리 ~ 비교하기: 차이점 말하기

가

1. 밤새도록 옷을 파는 동대문 시장과 달리 노량진 수산 시장은 밤에 가게를 열지 않습니다
2. 수미 씨가 클래식을 좋아하는 것과 달리 동철 씨는 가요를 좋아합니다 / 클래식을 좋아하는 수미 씨와 달리 동철 씨는 가요를 좋아합니다

-에 비해서 ~ 정도 비교하기

가

1. 월드컵 공원은 올림픽 공원에 비해(서) 땅이 넓습니다
2. 인수 씨는 미경 씨에 비해(서) 키가 큽니다

종합 연습

가

1. 변화된 서울의 명소로 월드컵 공원을 들 수 있습니다. 보시다시피 이곳은 원래 쓰레기장으로 사용되던 곳이었는데, 2002년 월드컵을 계기로 5개의 공원으로 바뀌었습니다. 먼저 평화 공원은 월드컵 공원을 대표하는 곳으로 유명합니다. 다음으로 하늘 공원은 높은 곳에 있고 산책하기 좋습니다. 게다가 억새밭도 유명합니다. 마지막으로 노을 공원은 서울 전체를 한눈에 볼 수 있을 뿐만 아니라 일몰도 아름답기로 유명합니다.

2. 세계의 큰 도시로 뉴욕과 서울을 들 수 있습니다. 미국의 뉴욕은 미국에서 가장 큰 도시 중의 하나로서 세계의 경제인들이 모여드는 경제, 패션, 문화의 중심지일 뿐만 아니라 도서관, 박물관, 갤러리 등과 같은 볼거리도 많습니다.
서울과 뉴욕을 비교해 보면 뉴욕은 서울에 비해 크기가 크지만 인구는 더 적습니다. 그리고 뉴욕도 서울과 마찬가지로 차가 많이 밀리고 교통이 복잡합니다. 그러나 뉴욕에서는 지하철이 24시간 운행되는 것과 달리 서울은 12시가 조금 넘으면 지하철이 다니지 않습니다.

읽기 I·II 어휘 p.22

가

1. ㉠ 2. ㉣ 3. ㉢ 4. ㉤ 5. ㉡ 6. ㉥

나

1. 정상 2. 고급 3. 오르막길 4. 야경 5. 작업실

다

1. ② 2. ① 3. ② 4. ① 5. ②

라

1. ㉢ 2. ㉡ 3. ㉠ 4. ㉥ 5. ㉣ 6. ㉤

마

1. 환상적, 환상적인 2.해산물, 해산물 3. 소문나다, 소문난
4. 이미, 이미 5. 덮이다, 덮여 6. 이색적, 이색적인
7. 곱다, 곱게

바

1. 권 2. 점 3. 여 4. 번지

읽기 I·II 문법 p.24

가

1. ① 2. ① 3. ② 4. ① 5. ①

-(으)로서 ~

가

1. 학생으로서 2. 어머니로서 3. 의사로서 4. 대통령으로서

-(으)며 ~

가

1. 그는 음악가이며 작가이다
2. 방의 오른쪽에는 창문이 있으며 왼쪽에는 책상이 놓여 있다
3. 비타민 B가 부족하면 쉽게 피로를 느끼며 식욕이 떨어진다
4. 그날 우리는 함께 영화를 봤으며 서로에 대한 많은 이야기를 나누었다

* -고자 하다

가

1. 새로운 상품 개발에 대한 회의를 시작하고자 합니다
2. 지금부터 성형 수술에 대해 토론하고자 합니다
3. 지금부터 한국의 고궁에 대해서 발표하고자 합니다
4. 이번 행사에 당첨되신 분들에게 선물을 드리고자 합니다

나

1. 지금부터 인터넷 사업에 대하여 의논하고자 합니다
2. 지금부터 한국 대중문화의 특징에 대해서 발표하고자 합니다
3. 제가 맡은 일에 최선을 다하고자 합니다
4. 오늘은 아시아의 경제 문제에 대해서 말씀드리고자 합니다

* -(으)ㄴ/는 반면(에) ~

가

1. 이 영화는 내용은 좋은 반면 배우들의 연기는 별로다
2. 봉사 활동은 일이 힘든 반면에 끝내고 나면 보람이 있고 기분도 좋다
3. 패스트푸드는 빠르고 간단하게 요리할 수 있는 반면 건강에 별로 좋지 않다
4. 이 시스템은 대중교통을 이용하는 사람들에게 편리한 반면 자동차 운전자에게는 불편하다
5. 우리 반은 영어권 학생이 70%인 반면 옆 반은 20%도 되지 않는다

* -을/를 비롯해서 ~

가

1. 그 물건은 서울을 비롯해서 전국에서 인기가 있어서 아주 잘 팔린다
2. 앤디 씨는 축구를 비롯해서 모든 종류의 운동을 매우 잘 한다
3. 선생님을 비롯해서 함께 공부한 모든 친구들에게 고맙다는 말을 전하고 싶습니다
4. 손님을 초대하면 집안 청소와 요리를 비롯해서 신경 써야 할 일이 아주 많다

조사 p.26

가

1. 를 , 에　　2. 에서, 을

나

1. 1) 을 2) 이　2. 1) 을 2) 이　3. 1) 를 2) 가
4. 1) 을 2) 이　5. 1) 을 2) 이

정리 p.28

가

1. 조화된　2. 언어권　3. 피어서　4. 정상
5. 한눈에 볼 수 있어요　6. 싱싱한　7. 활기찬

3 풍습

말하기 I p.30

가

1. 이　2. 리　3. 이　4. 히　5. 추　6. 우
7. 우　8. 히　9. 기　10. 히　11. 기　12. 히

나

1. 돌렸어요　2. 맞혀　3. 벗기고, 씻겨야　4. 늦기　5. 녹인

다

1. 알려　2. 눕힌　3. 앉히는　4. 밝힌　5. 읽히니까

라

1. 먹이려면　2. 낮추자　3. 깨워 주세요
4. 넓히려고요　5. 입히고, 신겼어요

바

1. 키우고　2. 재울　3. 알려　4. 벗기지　5. 맡기는

읽기 I·II 어휘 p.32

가

출생 – 산모, 미역국, 임신, 산후 조리원
결혼 – 함, 폐백, 절값, 신랑/신부, 이바지 음식
장례식 – 시신, 조문, 매장, 관

나

1. 앞둔　2. 대지　3. 대접했어요 / 대접해요 / 대접할 거예요
4. 떠나갈　5. 관리하는

다

1. 정성스럽게　2. 차갑고
3. 떠들썩해요　4. 아슬아슬한

라

1. 최근, 최근　2. 번쩍, 번쩍　3. 되도록, 되도록
4. 수없이, 수없이　5. 꾹, 꾹

마

1. 를-ⓒ　2. 를-ⓜ　3. 을-ⓖ　4. 을-ⓡ　5. 가-ⓛ

바

1. 폐를 끼쳐 드려서
2. 고집을 부리고 / 고집을 부리며 / 고집을 부리면서
3. 장례식을 치를　4. 허리를 숙였는데
5. 실랑이가 벌어졌는데 / 실랑이가 벌어졌지만

사

1. ①　2. ②

읽기 I·II 문법 p.34

가

1. ① 2. ① 3. ① 4. ① 5. ②

-은/는 -뿐이다

가

1. ㉠ 2. ㉣ 3. ㉢ 4. ㉡

* -기라도 하면 ~

가

1. ㉢ 2. ㉣ 3. ㉡ 4. ㉠

나

1. 다른 사람들이 우리 이야기를 듣기라도 하면 어떻게 하려고 그렇게 크게 이야기하세요
2. 그 친구를 만나지는 못해도 소식을 듣기라도 하면 좋겠다는 생각을 해
3. 잘못해서 나무에서 떨어지기라도 하면 어떡하나 걱정이 돼
4. 저녁에 갑자기 추워지기라도 하면 어떡해요

-아/어/여라

가

1. 마라 2. 해라 3. 쉬어라 4. 울어라 5. 피해라

* 어찌나 -던지

가

1. 오던지 2. 재미있던지 3. 춥던지
4. 슬프던지 5. 마시던지

* -고 말다

가

1. 못 가고 말았어요 2. 떨어뜨리고 말았어요
3. 줘 버렸어요 4. 나고 말았습니다

나

1. 자고 말았어요 2. 떨어지고 말았어요
3. 쓰고 말았어요 4. 삐고 말았다

조사 p.37

가

1. 에, 을 2. 을, 에, 을

나

1. 를 2. 을 3. 을, 에게
4. 을 5. 에게, 을 6. 에게, 을

정리 p.38

가

1. 앞두고 2. 알리지(도) 3. 시끄럽던지
4. 폐를 끼치기라도 하면 5. 부렸대 6. 벌어졌다
7. 떠들썩한 8. 쉬어라 9. 되도록

4 사자성어와 속담

말하기 I p.41

가

1. 배보다 배꼽이 더 크다
2. 식은 죽 먹기이다
3. 가는 날이 장날이다
4. 싼 게 비지떡이다
5. 제 눈에 안경이다
6. 병 주고 약 준다

-다더니 ~

가

1. ① 2. ② 3. ② 4. ②

-다는 이야기 ~

가

1. ③ 2. ③

나

1. 창민 씨가 가수라는 사실을 아세요
2. 한국에 오기 전에 한국 사람들은 축구를 좋아한다는 이야기를 들었어요

3. 오늘 아침에 차 사고가 나서 사람들이 많이 다쳤다는 뉴스를 들었어요
4. 나는 아직도 내가 말실수를 했다는 생각이 들지 않아요
5. 선생님께서 다음 달에 아기를 낳는다는 소문을 들었어요
6. 선생님께서 첫날에 절대 결석하지 말라는 말씀을 하셨어요
7. 아나운서는 TV에 나와서 오늘 날씨가 별로 춥지 않다는 말을 했어요

읽기 I·II 어휘 p.44

가

1. 동문서답 2. 함흥차사 3. 외유내강 4. 칠전팔기
5. 이심전심 6. 막상막하 7. 일석이조 8. 동병상련
9. 설상가상 10. 새옹지마 11. 대기만성 12. 천생연분

나

1. ① 2. ① 3. ① 4. ① 5. ① 6. ① 7. ①

다

1. 상해요 2. 겹쳐서 3. 상관없는 4. 무사하다

라

1. 한 2. 풀고 3. 겪은 4. 났어요/났다

읽기 I·II 문법 p.46

가

1. ① 2. ② 3. ① 4. ② 5. ② 6. ①

나

1. 나서자 2. 뛰다 3. 찢어져

* –느니 (차라리) ~

가

1. 공부를 다시 시작하는 것이 어때
2. 벌을 받겠습니다
3. 직접 전화를 드려 보는 게 좋지 않겠어요
4. 다른 곳에 취직하면 좋을 것 같아요

* –(으)ㄹ 겸 (해서) ~

가

1. ㄷ 2. ㄹ 3. ㄱ 4. ㄴ

→ 1. 식사도 하고 사업 이야기도 할 겸 (해서) 그 사람을 식당에서 만나기로 했다
2. 돈도 벌고 취미도 살릴 겸 (해서) 꽃가게를 차리기로 했어요
3. 운동도 하고 아침 공부도 할 겸 (해서) 일찍 일어나요
4. 노래도 부르고 스트레스도 풀 겸 (해서) 노래방에 자주 가요

* –(으)나 마나 ~

가

1. 보나 마나 2. 가 보나 마나야
3. 들으나 마나 4. 먹으나 마나래

조사 p.49

가

1. 에, 이 2. 와(는), 가

나

1. (으)로

정리 p.50

가

1. 설상가상 2. 일어난다더니 3. 사느니 4. 새옹지마라는
5. 동병상련인 6. 겪은 7. 마실 겸해서

5 문학

말하기 I p.61

사람 비유 표현

1. 영화배우 2. 곰 3. 천사 4. 농구선수 5. 바다 6. 여우

관용적 비유 표현

가

1. 산더미같이 2. 밥 먹듯이 해요
3. 물 쓰듯이 쓰면 4. 불을 보듯이 뻔해요
5. 귀신같이 알아맞혀요 6. 백지장 같아요

나

1. 미안해. 요즘 할 일이 산더미같이 많아서 늦게 퇴근할 것 같아. 다음에 만나자
2. 선우 씨는 거짓말을 밥 먹듯이 하거든
3. 귀신같이 알아맞히네
4. 네가 고생할 게 불을 보듯이 뻔해
5. 돈을 필요없는 곳에 많이 써요
6. 왜 그래? 어디 아파? 얼굴이 백지장 같아

읽기 I·II 어휘 p.63

가

1. 짜릿하다 2. 아늑하다 3. 싱그럽다
4. 산뜻하다 5. 수수하다 6. 향기롭다

나

1. 낡은 2. 산뜻한 3. 이른 4. 향기로운 5. 수수한

다

1. 귓속말하는 2. 핥아 3. 가슴이 뛴다 4. 멈추고

라

1. 을-㉠ 2. 을-㉣ 3. 가-㉢ 4. 에-㉡

마

1. 밝기 2. 향기로운 3. 수수한 4. 산뜻한
5. 끓이는 6. 희끗희끗한 7. 점잖은

읽기 I·II 문법 p.65

가

1. ① 2. ② 3. ①

'ㅎ' 불규칙

가

기본형 \ 형태	-(으)ㄴ	-(으)니까	-(으)면	-아/어/어요
하얗다	하얀	하야니까	하야면	하얘요
빨갛다	빨간	빨가니까	빨가면	빨개요
파랗다	파란	파라니까	파라면	파래요
이렇다	이런	이러니까	이러면	이래요
그렇다	그런	그러니까	그러면	그래요
저렇다	저런	저러니까	저러면	저래요
어떻다	어떤	어떠니까	어떠면	어때요

나

1. 파란, 하얀 2. 저런 3. 어떤 4. 하얘요 5. 그래요

* (-기도 하고) -기도 하다

가

1. 시원하기도 하고 섭섭하기도 해요
2. 집안일을 하기도 하고 친구를 만나기도 해요
3. 앞날이 기대되기도 하고 무섭기도 해요
4. 화가 나기도 하고 슬프기도 해요

-게 하다

나

1. ① 2. ① 3. ② 4. ②

* -에다가 ~

가

1. 휴지를 쓰레기통에다가 버리세요
2. 곰 인형을 소파 위에다가 놓으세요
3. 책을 책상 위에다가 놓으세요
4. 연필과 지우개를 필통 안에다가 넣으세요

나

1. X → 에 2. O 3. O 4. X → 에 5. O

* -아/어/여하다

가

1. 예뻐하다 2. 미워하다
3. 귀여워하다 4. 귀찮아하다
5. 즐거워하다 6. 부러워하다
7. 외로워하다 8. 어려워하다

나

1. 를, 좋아한다, 를, 싫어한다
2. 을, 미워하신다, 을, 무서워한다
3. 를, 예뻐하는
4. 을, 부러워하지만

조사 p.68

가

1. 의, 을 2. 에다, 의, 를

나

1. ㉢ 2. ㉡ 3. ㉠ 4. ㉤ 5. ㉣

다

1. ㉣ 2. ㉠ 3. ㉤ 4. ㉡ 5. ㉢

정리 p.70

가.

1. 십분의 일
2. 희끗희끗한
3. 수수한
4. 서 있게 하는
5. 에다
6. 제자리
7. 끔찍이

6 한국인의 대화법

말하기 I p.72

가

1. 맛있긴요 2. 그렇구나 3. 뭐더라 4. 맞아요, 맞아

나

1. ① - ③ - ④ - ⑤ - ②
2. ③ - ④ - ② - ① - ⑤
3. ① - ③ - ④ - ⑤ - ②

다

1. 힘들긴요. 별로 준비한 것도 없었는데요, 뭘.
2. 그래도 숙제가 많으니까 공부를 열심히 하게 되잖아

읽기 I·II 어휘 p.73

가

1. 논리적으로 2. 무뚝뚝해서 3. 양보하는 4. 늘어놓는다

나

1. ② 2. ④ 3. ④ 4. ④ 5. ②

다

1. 칭찬하는 2. 존중하는 3. 동의하는 4. 아부하지

라

1. 1) 겪을 2) 생기게 2. 1) 되었다 2) 주지 3) 받아요

읽기 I·II 문법 p.75

가

1. ② 2. ② 3. ① 4. ① 5. ① 6. ②

＊ (으)ㄴ/는가 ~

가

1. 우리 반 학생이 환경 문제는 왜 일어나는가에 대하여 생각하고 있다.
2. 사람들은 죽은 후에 어디로 가는가가 궁금하다.
3. 아들이 요즘 어떤 일을 해야 행복한가에 대하여 고민하고 있다.
4. 이번 회의에서는 한국의 사회 제도는 합리적인가에 대하여 토론하겠습니다.
5. 내일 죽으면 무엇을 할 것인가에 대하여 생각해 본 적이 있습니까?

＊ -는 김에 ~

가

1. 외출한 김에 2. 시내에 나가는 김에
3. 가는 김에 4. 쇼핑하는 김에

나

1. A: 여기 앞에 가게에 가지? 가게에 가는 김에 미안하지만 볼펜도 하나 사다 줄래?
   B: 그래, 알았어.
2. A: 백화점에 가지? 백화점에 가는 김에 아이스크림 좀 사다 줄래?
   B: 그래, 알았어.
3. A: 도서관에 가는 김에 이 책 좀 같이 반납해 줄래? 미안해.
   B: 그래, 알았어.

-나?

가

② → 있어?

-(으)ㄴ/는데 말이다

가

1. 병이 다 낫지도 않았는데 말이에요

2. 비가 오고 흐린데 말이에요
3. 이렇게 늦었는데 말이에요
4. 이렇게 사람들이 많은데 말이에요

-(으)ㄹ지라도 ~

가

1. 아무리 화가 날지라도 상대방에게 나쁜 욕을 해서는 안 된다
2. 삶이 그대를 속일지라도 슬퍼하거나 노하지 말라
3. 내일이 세상의 마지막이 될지라도 오늘은 오늘 해야 할 일을 해야 한다
4. 아무리 좋은 내용일지라도 기분 나쁜 표정으로 이야기하면 듣는 사람들은 나쁜 말로 받아들인다

-(으)로 ~

가

(으)로

나

1. ㉢ 2. ㉣ 3. ㉤ 4. ㉠ 5. ㉡

조사 p.79

가.

1. 보다, 를 2. 과, 의

나.

1. 만으로 2. 보다는 3. 에만

정리 p.80

가.

1. 칭찬 2. 예민하게 3. 있는가
4. 동의합니다 5. 기울이지 6. 갈등 7. 힘들지라도

7 성공적인 삶

말하기 I p.82

(옛말에) -다는 말이 있다 인용하기

가

1. 옛말에 고생 끝에 낙이 온다는 말이 있어요. 이 말은 힘들어도 열심히 노력하면 나중에 좋은 결과가 있다는 뜻이에요.
2. 옛말에 그림의 떡이라는 말이 있어요. 이 말은 좋은 것이 가까이 있어도 가질 수 없는 뜻이에요.

-은/는 -다는 말을 했다 인용하기

가

1. 나폴레옹은 내 사전에 불가능은 없다는 말을 했어요. 이 말은 노력하는 사람에게 가능성이 열려 있다는 의미예요.
2. 에디슨은 천재는 99%의 노력과 1%의 영감으로 만들어진다는 말을 했어요. 이 말은 아무리 뛰어난 능력이 있어도 노력을 하는 것이 중요하다는 의미예요.

-게 마련이다 일반적인 법칙 말하기

가

1. 누구나 장점과 단점을 가지고 있게 마련입니다
2. 좋은 결과가 있게 마련입니다
3. 자꾸 웃다 보면 기분이 좋아지게 마련입니다

-(으)ㄴ/는 법이다 일반적인 법칙 말하기

가

1. 다양한 경험은 인생의 큰 재산이 되는 법입니다
2. 모든 것이 때가 있는 법입니다
3. 맑은 날도 있고 흐린 날도 있는 법입니다

-(이)야말로 ~ 강조하기

가

1. ㉣ 2. ㉠ 3. ㉢ 4. ㉡

→ 1. 자신의 일을 즐기는 것이야말로 성공할 수 있는 최고의 방법이다
2. 사랑하면서 사는 것이야말로 인생에서 가장 소중한 것이다
3. 한국 친구를 사귀는 것이야말로 한국어 실력을 키울 수 있는 좋은 방법이다
4. 규칙적으로 운동을 하는 것이야말로 건강을 지킬 수 있는 제일 좋은 방법이다

종합 연습

제 생각에(는) 성공적인 대학 생활을 하기 위해서는 다양한 경험에 도전하는 것이 중요하다고 봅니다. 제가 이것이 중요하다고 생각하는 이유는 다양한 경험은 새로운 환경에 적응하는 힘과 문제 해결 능력을 키워 주기 때문입니다. 한국 속담에 젊어서 고생은 사서도 한다는 말이 있습니다. 이 말은 젊었을 때의 경험이 중요하다는 뜻입니다. 이 말에서도 알 수 있듯이 다양한 경험이야말로 인생의 소중한 재산이 된다고 생각합니다. 사람은 누구나

직접 체험한 것은 잘 잊어버리지 않게 마련입니다. 제 경험에 비추어 볼 때에도 여러 나라를 여행하면서 다양한 문화와 사람들을 접한 것이 제 인생에 큰 도움을 주었다고 생각합니다.

지금까지의 이야기를 한 마디로 요약하면 성공적인 대학 생활을 하기 위해서는 다양한 경험에 도전하는 것이 중요하다는 것입니다.

읽기 I·II 어휘 p.85

가

1. 갇혀 2. 묻고 3. 개발하기 4. 아껴 쓰세요 5. 존중해야

나

1. ① 2. ③ 3. ① 4. ③ 5. ①

다

1. 1) 낯설었다 2) 낯선 3) 낯설게
2. 1) 삼지 2) 삼아 3) 삼은
3. 1) 엄청나게 2) 엄청난 3) 엄청나게
4. 1) 애쓰고 2) 애쓴 3) 애쓰셨습니다

라

1. 진심 2. 부정적 3. 오히려 4. 최대한

마

1. ㉣ 2. ㉢ 3. ㉠ 4. ㉤ 5. ㉡

바

1. ㉣ 2. ㉠ 3. ㉢ 4. ㉡

읽기 I·II 문법 p.87

가

1. ① 2. ① 3. ② 4. ② 5. ①

-(으)로부터 ~

가

1. 에서 2. 에게서 3. 에서 4. 에게서

*** -든(지) ~**

가

1. 누구를 만나든지 항상 인사를 잘해야 한다
2. 무슨 음식을 먹든지 너무 급하게 먹지 마라
3. 언제 오든지 나는 상관없다
4. 어디에 있든지 건강하게 잘 지내라
5. 어떤 사람과 이야기하든지 상대를 존중하면서 그 말을 잘 들어야 한다

나

1. 커피를 마시든지 빵을 먹든지 다 괜찮다
2. 아플 때는 약을 먹든지 병원에 가든지 해야 하지 않겠니
3. 이번 토요일에 친구를 만나든지 영화를 보든지 할 겁니다
4. 네가 그 일을 그만두든지 계속하든지 나는 상관없어

*** -아/어/여다 ~**

가

1. 이거 요리해다 먹을까
2. 돈 좀 찾아다 주세요
3. 아이스크림을 사다 먹었어요
4. 옷을 가져다 팔고 있어요

나

1. 사전 좀 갖다 줄래
2. 비디오테이프를 빌려다 볼까
3. 커피 좀 사다 줄래
4. 물고기를 잡아다 요리해서 먹을까요

-듯이 ~

가

1. ㉣ 2. ㉢ 3. ㉡ 4. ㉠

*** -(으)ㄹ 수밖에 없다**

가

1. 집까지 걸어갈 수밖에 없어요
2. 혼자서 파티에 갈 수밖에 없어요
3. 다른 책을 선택할 수밖에 없어요
4. 다른 사람에게 부탁할 수밖에 없어요
5. 식당에서 음식을 사 먹을 수밖에 없어요

조사 p.91

가

1. 을, 로 2. 에서, 을

나

1. 환경에 2. 음악에 3. 시험 준비에
4. 내 발에 5. 고민에

정리 p.92

가

1. 따라간다는 말 2. 하든지
3. 성공하게 마련이야 4. 최대한
5. 실제로 6. 성과
7. 엄청나게

8 한국 현대사

말하기 I p.94

가

1. ① 2. ① 3. ② 4. ①

나

1. 수 2. 무려 3. 여 4. 불과

다

1. 간 2. 직전 3. 만 4. 직후 5. 당시

라

1. ㉡ 2. ㉣ 3. ㉢ 4. ㉠
→ 1. 태풍으로 인해 많은 사상자가 생겨나게 되었다
2. 사장님의 출장으로 인해 회의 일정이 바뀌게 되었다
3. 아이의 불장난으로 인해 큰불이 나게 되었다
4. 공사로 인해 길이 막히게 되었다.

마

6 · 25전쟁이란 1950년 6월 25일에 일어난 남한과 북한 사이의 전쟁을 말한다. 1945년 일본으로부터 독립한 직후 냉전으로 인해 남한과 북한으로 분단되게 되었다. 1950년에 6 · 25전쟁이 일어나서 450만 명의 사상자가 생겼다. 1951년 휴전 회담이 열렸는데 그 회담은 2년간 계속되었다.

읽기 I·II 어휘 p.95

가

분단과 6 · 25전쟁 – 인천 상륙 작전, 휴전 회담, 이산가족, 38도선

박정희 대통령 – 민주화 시위, 미니스커트 · 장발 단속, 군사 쿠데타, 독재자, 영웅, 한강의 기적

나

1. 남자 : 여자 2. 긍정적 : 부정적
3. 늘어나다 : 줄어들다 4. 여유를 부리다 : 서두르다
5. 자본주의 : 공산주의 6. 이기다 : 패배하다

다

1. 한꺼번에 2. 이대로 3. 완전히
4. 강제로 5. 오직 6. 이른바

라

1. 사상자 2. 차례 3. 상봉
4. 평가 5. 시위

마

			5.단	속	하	6.다			
						행			
	3.금	4.지	하	다		히		8.자	
		휘						본	
1.2.고	아					7.10.공	산	주	의
통		12.비				격		의	
		판		9.제	한	하	다		
11.파	괴	하	다			다			
		다					13.되	찾	다

읽기 I·II 문법 p.98

가

1. ① 2. ② 3. ② 4. ② 5. ②

-아/어/여서야 ~

가

1. 밤 12시가 되어서야 숙제가 끝났다
2. 아침이 되어서야 밤새 열리던 파티가 끝났다
3. 졸업할 때가 되어서야 선생님의 마음을 이해하게 되었다
4. 우리 아이는 재미있는 텔레비전 프로그램이 모두 끝나서야 숙제를 시작한다
5. 사람들이 모두 도착해서야 회의가 시작되었다

-(으)ㄴ/는가 싶다

가

1. 꿈인가 싶습니다
2. 먹는가 싶었는데
3. 성실한가 싶었는데
4. 국가적인 문제가 아닌가 싶다
5. 욕심인가 싶다

*** -조차 ~**

가

1. ㉤ 2. ㉠ 3. ㉣ 4. ㉢ 5. ㉡

→ 1. 자기 나라 말조차 잘 못한다
2. 하숙비조차 내지 못해요
3. 내 얼굴조차 기억하지 못하세요
4. 물조차 마실 수 없어요
5. 아이들 얼굴조차 보지 못해요

*** -(으)ㄴ 채(로) ~**

가

1. 입은 채 2. 잊은 채 3. 뜬 채
4. 안 씻은 채 5. 말 안 한 채

*** -(으)ㄴ/는데도 (불구하고) ~**

가

1. 음식을 많이 먹는데도 살이 안 찐다
2. 열심히 공부를 안 했는데도 시험을 잘 보았다
3. 추운 겨울인데도 젊은 여자들이 미니스커트를 입는다
4. 선생님이 부르는데도 대답을 안 한다

조사 p.101

가

1. 에, 로
2. 를, 로

나

1. 조차 2. 조차 3. 까지 4. 조차 5. 까지

정리 p.102

가

1. 북한 2. 으로 인해 3. 울음바다 4. 논의했다
5. 울음 6. 잊지 못한 채 7. 급한데도 불구하고
8. 서둘러야

한국어능력시험
[A권 1-4과]

어휘 · 문법

1. ① 2. ③ 3. ② 4. ④ 5. ②
6. ③ 7. ④ 8. ② 9. ③ 10. ①
11. ① 12. ② 13. ③ 14. ① 15. ④

쓰기

16. ④ 17. ③ 18. ① 19. ④
20. 그 여행을 계기로 가난한 사람들을 도와주는 일을 하기로 결심하게 되었다.
21. 어려운 일을 겪을 때는 칠전팔기의 정신으로 다시 한 번 도전해 보세요./어려운 일을 겪을 때마다 칠전팔기의 정신으로 다시 한 번 도전해 보세요.

읽기

22. ④ 23. ① 24. ③ 25. ② 26. ③ 27.③
28. 부모님을 화장하는 것 29. ② 30. 체험할 수 있는
31 ① 32. ③ 33. ①

한국어능력시험
[A권 5-8과]

어휘 · 문법

1. ① 2. ④ 3. ② 4. ① 5. ③
6. ④ 7. ② 8. ③ 9. ① 10. ②
11. ③ 12. ④ 13. ② 14. ① 15. ②

쓰기

16. ③ 17. ② 18. ④ 19. ④
20. 불과 8명(만)이 안전벨트를 매고 있어서 살아남을 수 있었다.
/ 불과 8명(만)이 안전벨트를 매서 살아남을 수 있었다.
21. 시간이 흐르면 학교라는 건물은 사라질 것이라고 예상하기도 한다.

읽기

22. ④ 23. ④ 24. ① 25. ② 26. ③
27. ② 28. ③ 29. ④ 30. ③ 31. ③
32. 지붕 33. ②

저자

김성희
서강대학교 한국어교육원 교학부장
서강대학교 불문과 문학박사 수료(불어학)
kimsh@sogang.ac.kr

이석란
서강대학교 한국어교육원 대우전임강사
이화여자대학교 한국학과 석사(외국어로서의 한국어교육)
lalla@sogang.ac.kr

장수진
서강대학교 한국어교육원 대우전임강사
이화여자대학교 한국학과 석사(한국문화)
brigid@sogang.ac.kr

이효정
서강대학교 한국어교육원 연구개발차장
상명대학교 대학원 문학박사(국어학)
hjlee72@sogang.ac.kr

이윤실
서강대학교 한국어교육원 대우전임강사
연세대학교 교육대학원 석사(외국어로서의 한국어교육)
Lvyds@sogang.ac.kr

최선영
서강대학교 한국어교육원 대우전임강사
이화여자대학교 한국학과 석사(외국어로서의 한국어교육)
filmbuff@sogang.ac.kr

서강한국어 WORKBOOK 5A

출판사

초판 발행　2007년 10월 5일
1판 8쇄　2024년 3월 20일
펴낸곳　서강대학교 한국어교육원 출판부
펴낸이　심종혁
등록번호　313-2006-00028
출판사 주소　서울시 마포구 백범로 35 서강대학교 한국어교육원
Tel　(82-2) 713-8005
Fax　(82-2) 701-6692
e-mail　jphong@sogang.ac.kr

서강대학교 한국어교육원 사이트　http://klec.sogang.ac.kr　K.L.E.C

서강한국어 교사 사이트　http://koreanteachers.org　Sogang Korean Teachers

여름 특별과정(7-8월)　http://koreanimmersion.org　S.K.I.P

판매・유통

판매・유통　(주)도서출판 하우
등록번호　제2016-000017호
주소　서울시 중랑구 망우로68길 48
Tel　(82-2) 922-7090, 922-9728　Fax　(82-2) 922-7092
homepage　http://hawoo.co.kr　e-mail　hawoo@hawoo.co.kr